LA PASSION DES TARTES

MARTHA STEWART

LA PASSION DES TARTES

Traduction de Gisèle Pierson

Photographies
de Beth Galton

Maquette
de Henrietta Condak

Flammarion

À ma fille Alexis Stewart,
qui adore faire tartes et tourtes
mais ne les mange jamais.

Frontispice : dans la bibliothèque, du café accompagne cette tarte aux abricots garnie de pistaches (pages 56-57).

Titre original de l'ouvrage :
PIES AND TARTS

Publié par Clarkson N. Potter Inc.
201 East 50th Street. New York, N.Y. 10022

ISBN : 2-08-200585-2
Numéro d'édition : 0772
Imprimé au Japon

Remerciements

Un livre tel que LA PASSION DES TARTES demande un travail considérable et les efforts réunis de nombreuses personnes. Je voudrais exprimer ici mes remerciements à tous ceux qui ont permis de mener à bien ce merveilleux projet. Toute ma gratitude à Beth Galton, pour ses extraordinaires photographies ; à son assistant Marcus Tullis, pour son dynamisme et sa gentillesse ; à Kathy Powell, ma rédactrice en chef à Westport, pour son sens de l'organisation et ses prouesses pâtissières ; à Jane Stacey, Marsha Harris, Wendye Pardue, Jennifer Levin, Donna Scott et Marinda Freeman, pour avoir contribué à la confection des tartes ; à Robyn Fairclough pour ses arrangements floraux et ses conseils pour la présentation des desserts ; à Necy Fernandes pour son aide précieuse aux cuisines et à la maison pendant la préparation de ce livre et des photos qui l'accompagnent ; et à tous les autres membres de l'équipe, bureau et cuisine, pour leur contribution.

Mes remerciements particuliers à Pat Guthman pour m'avoir laissé prendre des photographies dans sa boutique *The Bee in the Kitchen,* et m'avoir permis d'utiliser ses objets anciens ; à Debbie et Michael Lonsdale pour m'avoir autorisée à prendre des photos dans leur charmante maison ; à la Galerie Michael Friedman à Westport, pour avoir pu utiliser ses merveilleux objets d'art anciens ; à Celso Lima pour son aide dans mon jardin ; à Laura Herbert, ma sœur, pour sa collection de moules à tourtes.

Ma reconnaissance et mon affection à mon mari Andy, pour les soins qu'il prodigue aux jardins, au verger, aux petits fruits sans lui, les tartes auraient été beaucoup moins originales.

Mes remerciements à Carolyn Hart Gavin, pour avoir supervisé et revu avec talent ce livre, à Clarkson N. Potter ; à Gael Dillon, Carol Southern, Michael Fragnito, Sally Berk, Susan Magrino, et tous ceux de chez Clarkson N. Potter et Crown Publishers ; et à Kay Riley qui sut si bien nous aider à assembler les pièces du puzzle. Merci à Henrietta Condak pour sa maquette superbe et pleine d'imagination, et à son assistante Brenda Wolf pour sa pervérance et son optimisme.

Et enfin, tous mes remerciements à tous mes lecteurs et lectrices qui m'encouragent à écrire ces livres et soutiennent mes efforts, avec leur grand enthousiasme et leur amitié.

S O M M

AIRE

Introduction

Tartes et tourtes... Comme tout cela me rappelle mon enfance, à Elm Place, Nutley, dans le New Jersey. Nous habitions, nous les huit Kostyra, dans une maison de trois chambres, alignée avec d'autres toutes pareilles, dans une rue plaisante et tranquille (malgré les cris des enfants qui vivaient là !). Chaque maison se trouvait sur une étroite bande de terrain d'environ 60 mètres sur 15. Mon père adorait jardiner, et nous avions donc peu de pelouse mais en revanche, des fleurs en quantité, ainsi que des légumes, des arbres fruitiers et des arbustes à petits fruits. Nous possédions un magnifique pommier McIntosh qui s'étala tellement que mon père dut le couper en pleine gloire, bien qu'il nous comblât de boisseaux de pommes parfaites. Il disait que son ombre était trop dense pour les fleurs et les autres plantes.

Nos meilleurs amis, Mr et Mrs Maus, habitaient juste à côté et leur terrain était encore plus petit, ce qui ne les empêchait pas de faire pousser de merveilleux arbustes à petits fruits ainsi que des arbres fruitiers. Anciens boulangers, alors à la retraite, ils continuaient à pratiquer leur art presque quotidiennement, pour le plus grand profit de tout le voisinage. Juste au milieu de leur jardin, poussait un cerisier de Montmorency et les tourtes faites avec ces merveilleuses cerises aigres restent encore dans ma mémoire, comme l'un de mes meilleurs souvenirs. Il y avait aussi un pêcher à pêches blanches, haut et dégingandé, qui lorgnait par-dessus le toit du garage des Maus. J'ai passé bien des heures, installée dans une fourche de ce pêcher, à lire et à écouter les conversations, cachée dans mon perchoir bien placé. Je pouvais entendre presque tout ce qu'on disait dans les jardins des Maus, des Mendelson, des Allegri et des Kastner.

Notre vie de banlieusards prenait un relief spécial, grâce à un grand champ fertile, derrière nos maisons, qui faisait partie d'une ancienne ferme. À la fin des années 1940 et pendant les années 1950, les voisins et nous-mêmes, nous cultivions des potagers dans ce champ. Parmi tous les enfants de mon père, j'étais la seule à aimer jardiner. Cela ne me dérangeait nullement de passer des heures sous le soleil brûlant, à désherber ou à bêcher. Mon père accumulait les catalogues d'horticulteurs et nous les consultions, pour choisir aussi bien ce que nous aurions aimé planter dans nos propriétés imaginaires que ce que nous pouvions réellement nous permettre d'acheter et de soigner.

Ma mère passait la plupart de son temps dans la cuisine, à cuisiner, faire de la pâtisserie ou coudre. Quant à moi, j'étais surtout dans le jardin ou dans le sous-sol couvert de farine des Maus, à apprendre les secrets des pâtes à tourtes, à gâteaux, des pains levés et de tout ce qu'ils voulaient bien me montrer, ou encore à lire tout ce qui me tombait sous la main et bien sûr, à rêvasser dans le pêcher. Très tôt, je me rendis compte que jardinage et cuisine avaient des points communs. L'un comme l'autre dépendaient des relations entre voisins, tout du moins, dans notre quartier, pour échanger, sans trêve, idées et connaissances. Les Maus voulaient m'apprendre à faire les meilleures tourtes aux cerises et les tartes aux pêches blanches les plus délicieuses. Mr Allegri désirait me transmettre le secret de ses magnifiques houx et tous les dimanches, Mrs Allegri me montrait une autre de ses sauces à la viande qu'elle servait avec une variété étonnante de pâtes fraîches faites-maison.

Beaucoup plus tard, devenue adulte, je m'installai après mon mariage, à Westport, Connecticut. C'est là que je rencontrai Fred Specht, un jardinier de profession, qui habitait à Von Rebay, juste à côté de notre propriété de 8 000 m². Fred avait beaucoup de bon sens et m'apprit quantité de choses sur le jardinage. Il a maintenant pris sa retraite et habite à Cape Cod, mais il nous rend visite deux ou trois fois par an et je suis toujours ravie de le voir.

Avant d'entreprendre quoi que ce soit d'autre à Westport, mon mari Andy et moi, nous avons planté un verger avec des pommiers, des cerises aigres et des pêches blanches, en espérant transposer ainsi, un peu de Nutley dans notre nouvelle demeure. Mon père a travaillé dur et pendant longtemps avec nous, dans tous nos jardins. Il faisait des boutures de mes plantes et fleurs préférées. Il planta un figuier exactement pareil au sien. Il restait près de moi pendant que je créais le paysage de mon futur jardin et, par sa patience, m'apprit aussi la patience. Je voulais retrouver dans mon nouveau jardin, l'atmosphère de simplicité bon-enfant de celui de mon enfance, seulement sur une plus grande échelle.

Notre propriété de Westport s'agrandit à mesure que nous avions besoin de plus d'espace pour les jardins. Nous avons acheté les 8 000 m² qui la bordaient et, très vite, ils furent absorbés dans le plan du jardin principal. À nouveau 8 000 m² y furent ajoutés il y a quelques années et nous envisageons avec grand intérêt, de faire un jardin pour les fruits secs, amandes, noisettes et autres, un jardin de rhododendrons, un jardin de sous-bois et un labyrinthe qu'Andy est en train d'étudier. Nous avons rapporté de notre terrain du Berkshire, des buissons de myrtilles et des arbres fruitiers qui se trouvaient dans un champ colonisé par les castors. Middlefield, au Massachusetts, est célèbre par ses myrtilliers aux récoltes abondantes et ces buissons ont très bien repris et produit, à Westport. Les groseilliers viennent des jardins de Von Rebay, de rejetons donnés par Fred, ainsi que d'une maison devant être démolie, près de la

Route de la Poste. Nous avons commandé des cognassiers chez les pépinières Leuthardt à Long Island et des fraisiers des bois à la Ferme White Flower. Les pruniers de Shiro et les poiriers Chojuro ont été envoyés par bateau de chez Miller et sept espèces de fraises de chez Rayner. Mon dentiste m'a échangé quelques plants de framboisiers pourpres de sa grand-mère, contre un exemplaire de mon livre « Quick Cook ».

À mesure que mon mari Andy et moi, nous expérimentions diverses sortes d'arbres fruitiers ou des petits fruits, de mon côté, j'utilisais les fruits dans des nouvelles recettes, plus spécialement des tourtes et des tartes. Je découvris que les groseilles ne font pas seulement la gelée la plus rouge et la plus transparente mais aussi un nappage remarquable pour les tartes, que les cerises aigres si délicieuses en tourtes, peuvent se transformer en délicate gelée et que les coings peuvent être utilisées pour faire une gelée claire et dorée et aussi une compote originale pour les tartes aux pommes... J'ai appris que certaines pommes sont meilleures que d'autres pour cuire au four, pour être utilisées en lamelles ou en sauce et que certaines sont bien supérieures à d'autres, pour pocher ou pour la pâtisserie. Et j'ai découvert que les pêches blanches Belles de Géorgie font des tartes et des tourtes aussi délicieuses que celles de mes souvenirs d'enfance.

Les tourtes et les tartes sont parfaites pour les desserts. Elles unissent les traditions culinaires françaises, anglaises et américaines et les recettes correspondantes permettent d'employer toutes sortes d'ingrédients. Les tartes réussies ont une saveur à la fois douce et acidulée, une fraîcheur qui leur font une place à part dans les desserts. Elles sont plus faciles à faire que le plus facile des gâteaux, auxquels je crois que je les préfère.

Les tourtes et tartes de ce livre n'ont rien de compliqué. À part quelques rares exceptions, elles ne demandent aucune garniture sophistiquée, ni de mélanges subtils de saveurs et de consistance. J'apprécie moins les tourtes et les tartes trop élaborées.

Quant aux croûtes qui forment la base de toutes ces délicieuses tourtes et tartes, là aussi, j'ai opté pour la simplicité, et indiqué seulement celles qu'il est indispensable de connaître.

Ce livre contient toutes mes tourtes et tartes préférées mais ne cherche pas à exposer un savoir encyclopédique sur le sujet. Ma fille Alexis me dit toujours que chacune des tartes est celle que je préfère, que ce soit la tarte meringuée au citron, la tarte damassée à la mousse au citron, les tartelettes Victoria au chocolat ou la tarte primevère à la compote de pommes rose, et c'est probablement vrai. J'espère que, grâce à ce livre, mes lecteurs aimeront autant que moi, faire les tourtes et les tartes et les manger.

1. Tous les ingrédients pour la pâte doivent être extrêmement froids.

2. La pâte doit être faite très rapidement, ce qui est plus facile avec un robot avec lequel l'opération ne devrait pas prendre plus de 45 secondes.

3. Mettre la pâte assez longtemps au réfrigérateur avant de l'étaler.

4. La pâte doit être étalée rapidement, de façon égale et avec un minimum de farine. On peut enlever la farine en excès avec un pinceau à pâtisserie.

5. Les tourtes aux fruits doivent être cuites dans un four préchauffé et bien chaud pour que les fruits soient bien cuits, la croûte dorée et croustillante et le jus suffisamment épais. Le jus au milieu de la tourte doit bouillonner avant même qu'elle ne soit complètement cuite.

6. Cuire entièrement au préalable toute croûte de tarte destinée à être emplie d'une garniture préparée séparément. Les cuire seulement à moitié lorsqu'une partie ou la totalité de la garniture doit cuire avec la pâte.

7. Les garnitures pour les tourtes et les tartes sont meilleures si on les prépare au dernier moment. Les fruits doivent être parfaits, qu'ils soient cuits ou crus.

8. Le nappage ou le glaçage est fait pour décorer et non pour masquer une garniture de qualité inférieure.

Une croûte de tarte en forme
de cœur aux bords tuyautés
abrite une garniture de
crème fouettée mousseuse,
couronnée de groseilles.

CHAPITRE 1

De toutes les tartes celle que les Américains préfèrent est la tarte aux pommes d'autrefois. Elle est toujours aussi populaire malgré l'apparition dans les supermarchés de produits commerciaux qui en ont l'apparence mais ont un goût de mastic et contiennent tout juste une ou deux tranches de pomme. La tarte faite-maison de notre enfance, bourrée de pommes à la fois sucrées et acidulées, coupées en lamelles, parfumées avec du beurre et du citron, est aussi facile à confectionner que les autres tartes de ce livre. Par chance, on trouve des bonnes pommes presque toute l'année, pommes excellentes aussi bien à manger crues qu'à cuire ou en pâtisserie. La MacIntosh croquante, la verte Granny Smith, la Cortland acidulée, la Yellow Delicious populaire, toutes conviennent pour les tartes et les tourtes.

Andy, mon mari, et moi-même, nous avons planté 122 arbres, ce qui, pour la banlieue, constitue un grand verger. Nous y expérimentons beaucoup de variétés de pommiers américaines et européennes. La plupart de ces variétés nous ont donné satisfaction et nous avons découvert que chacune d'entre elles a ses qualités propres qui la rendent intéressante à cultiver. Bien entendu, tout le monde n'a pas la possibilité ou le désir de cultiver toutes sortes de variétés de pommiers et je ne pousse personne à posséder un verger où il est possible de cueillir la Gravenstein et la Winter Banana ou encore la Macoun et la Black Gilliflower. Seule ma curiosité culinaire et professionnelle m'a conduite à posséder ces variétés. J'ai appris à connaître les pommes pour la compote et le confit, pour les tourtes, pour les tartes et pour la gelée. Cela m'amuse et c'est Andy qui taille les arbres.

Toutes les recettes de tartes et de tourtes de ce chapitre indiquent des pommes bien déterminées parce que je me suis rendu compte qu'elles sont meilleures avec certaines variétés plutôt qu'avec d'autres. Mais, bien entendu, on peut les remplacer par d'autres et je donne quelques suggestions de variétés plus faciles à trouver dans votre région.

Les Pommes

Tarte Tatin

Il y a bien des façons de faire une tarte Tatin. J'ai essayé d'autres méthodes avec plus ou moins de bonheur mais celle-ci me paraît la meilleure.

La tarte Tatin est une tarte « à l'envers ». Les fruits sont d'abord cuits avec du beurre et du sucre dans un poêlon à fond épais ou une sauteuse en cuivre étamé puis légèrement refroidis et recouverts de pâte brisée, le tout ensuite porté au four jusqu'à ce que la pâte soit bien dorée et le sucre et jus des fruits caramélisés. Après vingt ou trente minutes, lorsque la tarte est tiède, on la retourne sur le plat de service. Il faut donc arranger les pommes avec art au moment de la préparation de la tarte. Pour la tarte Tatin traditionnelle j'utilise des pommes Cortland ou Jonagold ou encore la Golden Delicious si parfumée.

Tarte Tatin aux pommes, tarte aux poires et tarte aux pêches, retournées sur des plats d'argent. Sur la table, papier tissé mural peint à la main, du début du XIXe siècle.

L A R E C E T T E

Pour une tarte de 23 cm

PÂTE BRISÉE BIEN FROIDE (PAGE 198, DIVISER PAR DEUX LES QUANTITÉS)

140 G DE SUCRE CRISTALLISÉ
3 CUILLERÉES À SOUPE D'EAU
60 G DE BEURRE COUPÉ EN PETITS MORCEAUX
8 POMMES ACIDES MOYENNES (GRANNY SMITH)

1. Dans un poêlon en fonte émaillée d'environ 22 ou 23 cm (ou une sauteuse pouvant aller au four) mettre le sucre et l'eau. Porter à ébullition puis baisser la flamme et cuire à feu moyen jusqu'à ce que le sucre commence à épaissir et à se colorer. Retirer du feu et incorporer le beurre.

2. Couper les fruits en deux, enlever le cœur et les pépins. Réserver une demi-pomme pour le centre de la tarte, couper le reste des pommes en quartiers et les disposer en cercles concentriques dans le poêlon sur le sucre caramélisé, le côté sans peau visible. (Rappelez-vous que la tarte Tatin étant retournée après cuisson, le côté des fruits posés contre le fond du poêlon se trouvera sur le dessus.) Mettre la demi-pomme réservée au centre. Continuer à disposer les quartiers de pommes jusqu'en haut du poêlon. En effet, si les fruits ne le remplissent pas complètement la tarte risque de s'effondrer lorsque vous la retournerez.

3. Remettre le poêlon sur le feu et cuire environ 20 minutes à feu doux, jusqu'à épaissement du sirop qui doit réduire de moitié. Attention à ne pas le laisser brûler. Retirer du feu et laisser refroidir.

4. Préchauffer le four à 200°.

5. Abaisser la pâte brisée sur une épaisseur d'$^1/_2$ cm et la poser sur les pommes. Couper la pâte qui dépasse.

6. Porter au four et laisser cuire environ 20 minutes ; la pâte doit être dorée. Laisser refroidir sur une grille à pâtisserie pendant 15 à 20 minutes puis détacher la croûte du bord avec un couteau. Poser un plat à tarte sur le dessus et retourner d'un geste rapide. Servir aussitôt.

VARIANTES : vous pouvez remplacer les pommes par des poires (page 33) ou des pêches (page 47). Peler les poires ; les pêches peuvent être pelées ou non.

Croustade aux Pommes

Un jour que je cherchais à Paris divers ustensiles à pâtisserie pour ce livre je tombai par hasard sur un ouvrage en cinq volumes, écrit par le grand chef pâtissier Yves Thuries : « Le Livre de Recettes d'un Compagnon du Tour de France » (1979), qui a inspiré de nombreux desserts classiques en France et ailleurs. J'aime surtout ses croustades, sortes de tourtes aux fruits formées de deux abaisses rondes et minces en pâte feuilletée, soigneusement soudées et décorées de feuilles ou de rubans faits avec les restes de pâte. Ces croustades on très bel aspect et peuvent être fourrées de pommes, de poires, de cerises ou de prunes. Avant de les mettre au four le dessus est simplement doré à l'œuf et saupoudré de sucre cristallisé. Cuite à 200°, la pâte gonfle et se colore d'un beau brun doré, tandis que la garniture de fruits devient tendre et juteuse. Si les bords sont bien soudés le jus reste à l'intérieur de la croustade.

Pour décorer cette tourte en pâte feuilletée, on a collé avec un peu d'eau glacée des feuilles découpées dans la pâte, avant de dorer à l'œuf et de mettre au four.

L A R E C E T T E

Pour une croustade de 30 cm

450 G DE PÂTE FEUILLETÉE (PAGE 206)

4 POMMES GRANNY SMITH, ÉPLUCHÉES ET COUPÉES EN LAMELLES TRÈS FINES

3 CUILLERÉES À SOUPE DE SUCRE CRISTALLISÉ

1 CUILLERÉE À SOUPE DE FARINE

LE ZESTE RÂPÉ D'UN CITRON

$^{1}/_{4}$ DE CUILLERÉE À CAFÉ DE NOIX DE MUSCADE FRAÎCHEMENT RÂPÉE

30 G DE BEURRE FERME COUPÉ EN PETITS MORCEAUX

POUR DORER : 1 ŒUF BATTU AVEC 2 CUILLERÉES À CAFÉ D'EAU - DU SUCRE CRISTALLISÉ

1. Étaler la pâte sur une épaisseur de 3 mm au plus. À l'aide d'un moule à gâteaux ou d'une forme en carton, couper un rond de 30 cm et un autre de 28 cm. Avec un couteau bien aiguisé découper le plus de feuilles possible dans le reste de pâte. Sur chacune faire des nervures avec le dos du couteau. Placer les deux ronds de pâte et les feuilles sur une tôle à pâtisserie mouillée ou recouverte de papier sulfurisé, couvrir d'un film plastique étirable et mettre au réfrigérateur au moins 30 minutes.

2. Pour la garniture, mettre les pommes, le sucre, la farine, le zeste de citron et la muscade dans une jatte et bien mélanger. Mettre de côté.

3. Préchauffer le four à 200°.

4. Pour faire la croustade, placer le rond de pâte de 30 cm sur une tôle mouillée ou recouverte de papier sulfurisé. Poser la garniture au milieu de la pâte et l'étaler régulièrement jusqu'à environ 4 cm des bords. Parsemer de beurre. Poser le rond de pâte de 28 cm par-dessus. Humecter les bords de la pâte avec de l'eau, relever celui du cercle de pâte inférieur, rouler les deux bords ensemble et les souder en appuyant bien. Coller les feuilles en pâte sur le dessus avec de l'eau glacée. Dorer au pinceau avec le mélange œuf + eau et saupoudrer de sucre. Cuire au four environ 50 à 60 minutes ; la pâte doit gonfler et être brun doré. Laisser refroidir sur une grille à pâtisserie avant de servir.

Tarte aux Pommes Winter Banana

C'est peut-être la plus ravissante de toutes les tartes aux pommes, faite avec une pomme assez peu connue, la Winter Banana ou Banana Delicious. C'est une pomme au parfum délicat et à la chair fine et fondante. Je ne connais pas l'origine de ce nom de « pomme banane » et les quelques producteurs que j'ai rencontrés l'ignoraient aussi. C'est une pomme nouvelle, à la chair jaune très pâle et très tendre dont l'épiderme d'un jaune très clair est teinté de rose soutenu, comme on peut le voir sur l'illustration.

Cette tarte que l'on dirait vernie, prend tout son éclat sur une simple coupe à pied en verre transparent.

L A R E C E T T E

Pour une tarte de 23 cm

UNE CROÛTE DE TARTE DE 23 CM EN PÂTE BRISÉE (PAGE 198) DÉJÀ À DEMI CUITE ET REFROIDIE

8 OU 9 POMMES MOYENNES WINTER BANANA, PELÉES, ÉPÉPINÉES ET COUPÉES EN TRANCHES TRÈS FINES, DANS LA LONGUEUR

2 CUILLERÉES À SOUPE DE CALVADOS

70 G DE SUCRE CRISTALLISÉ

8 CUILLERÉES À SOUPE DE NAPPAGE AU COING OU À LA CERISE AIGRE

1. Préchauffer le four à 180°.

2. Mettre la moitié des lamelles de pommes dans un plat creux. Arroser avec le calvados et laisser macérer pendant 30 minutes.

3. Égoutter les lamelles de pommes et les disposer dans la croûte de tarte, en cercles concentriques, en les faisant se chevaucher. Saupoudrer de sucre et mettre au four pour environ 20 minutes, jusqu'à ce que les pommes soient tendres. Retirer du four et disposer le reste des pommes en spirale sur les pommes déjà cuites. Remettre au four et cuire encore 5 minutes.

4. Allumer le gril du four. Badigeonner les pommes et le bord de la pâte au pinceau, avec le nappage et glisser la tarte sous le gril jusqu'à obtention d'un beau glacé, avec une touche plus foncée sur les bords des tranches de pommes et de la croûte. Servir aussitôt ou laisser légèrement refroidir.

À l'occasion d'un récent voyage en France, où j'allais rendre visite à ma fille Alexis qui terminait un stage d'été, je découvris, chez Dehillerin, cette forme à tarte en pétale et je l'achetai ainsi que d'autres difficiles à trouver aux États-Unis. Je n'avais pas encore utilisé la forme-pétale lorsqu'un jour je fis une compote d'un beau rose vif, avec des pommes McIntosh à la peau écarlate. La couleur de cette compote me rappelait beaucoup celle des primevères roses du premier printemps qui fleurissent dans les bois humides. Nous emportâmes cette tarte chez Pat Guthman, à son magasin d'antiquités «L'Abeille dans la Cuisine» à Southport, Connecticut, et, par le plus heureux des hasards, je découvris là, un service à thé complet, décoré d'un dessin appelé «Primevère de Nouvelle Angleterre», des années 1810. Nous trouvâmes aussi des serviettes roses, damassées à frange. C'est ainsi que la tarte fut photographiée, telle que vous la voyez sur l'illustration.

Comme pour plusieurs des tartes aux pommes de ce livre, je n'ai pas pelé les fruits. Je préfère au contraire, la couleur vive et le dessin formés par les fruits non pelés. Quelques minutes au four suffisent à cuire les pommes coupées en lamelles fines, qui se laissent ensuite couper facilement avec une fourchette à dessert.

Cette ravissante tarte est nappée d'un glaçage aux cerises aigres qui rehausse sa couleur rose pâle.

Tarte Primevère à la Compote de Pommes Rose

L A R E C E T T E

Pour une tarte de 26 cm

UNE CROÛTE DE 26 CM EN PÂTE BRISÉE (PAGE 198) DÉJÀ CUITE ET REFROIDIE

60 G DE BEURRE

2 CUILLERÉES À SOUPE DE CALVADOS OU DE COGNAC

50 G DE SUCRE CRISTALLISÉ

7 DL (LA VALEUR DE 7 LOUCHES) DE COMPOTE DE POMMES NON SUCRÉE, DE PRÉFÉRENCE FAITE-MAISON AVEC DES POMMES ROUGES NON PELÉES (VOIR CI-DESSOUS)

2 OU 3 POMMES BIEN ROUGES MCINTOSH

4 CUILLERÉES À SOUPE DE GLAÇAGE AUX CERISES AIGRES (PAGE 211)

1. Préchauffer le four à 200°.

2. Pour faire la garniture : mettre le beurre, le calvados et le sucre dans une casserole moyenne, sur feu doux, en remuant jusqu'à ce que le sucre soit fondu. Ajouter la compote et chauffer.

3. Ôter le cœur des pommes avec le vide-pommes et les couper transversalement en tranches aussi fines que possible, au couteau électrique ou avec un couteau très bien aiguisé. Mettre la compote dans la croûte de tarte et disposer soigneusement les lamelles de pommes sur le dessus, en les faisant chevaucher et en suivant le contour du moule. Cuire environ 10 minutes pour attendrir les pommes.

4. Juste avant de servir, allumer le gril du four. Badigeonner les pommes au pinceau, avec le glaçage aux cerises aigres et placer le tout sous le gril 2 ou 3 minutes, juste pour que la gelée fonde et que le bord des pommes brunisse.

NOTE : pour faire la compote, couper les pommes en quartiers sans les peler et ôter les pépins. Cuire avec très peu d'eau jusqu'à ce qu'elles s'écrasent. Laisser un peu refroidir et passer au moulin-légumes. Si vous avez des pommes d'un beau rouge vif comme les nôtres, votre compote devrait être d'un joli rose. 10 pommes moyennes donnent environ 8 dl de compote (8 louches).

Tarte Pétale aux Pommes

Voici une variante de la tarte aux pommes Winter Banana qui était cuite dans un moule rond. J'aime beaucoup ces formes à tarte en pétale, achetées à Paris, chez Dehillerin. Ces moules originaux existent en plusieurs tailles et deux profondeurs, une pour les tartes plates, comme la tarte primevère à la compote de pommes et celui-ci plus profond, qui est parfait pour des tartes comportant davantage de garniture. Pour une tarte de cette profondeur, il faut 10 à 12 pommes (nous avons utilisé des Reinettes dorées et des Jonagold) coupées en lamelles et cuites dans cette forme en pétale.

J'ai disposé plusieurs couches de lamelles de pommes sur le pourtour de cette tarte puis j'ai empli le centre de la « fleur » avec le reste des pommes.

Galette aux Pommes

Cette tarte est une variante de la galette aux nectarines en pâte feuilletée décrite page 58. J'ai utilisé deux pommes Reinettes dorées. Après cuisson, elles deviennent presque transparentes, seul le bord est plus coloré par le passage au four très chaud. Une galette de 23 cm donne deux grosses parts ou quatre plus petites.

Galette aux pommes pour deux personnes, coupée en quatre parts et servie avec accompagnement de crème fouettée, sur des assiettes à dessert 1930, en verre de couleur vert pâle.

Tartelettes au Confit de Pommes

Chaque automne nous nous trouvons, mon mari et moi, confrontés au même problème : que faire de toutes les pommes tombées ? Quand le vent a soufflé toute la nuit ou après de fortes pluies, des kilos de fruits jonchent le sol, certains véreux ou abîmés, et même la récolte normale est trop importante pour une famille peu nombreuse comme la nôtre. Pour les utiliser je fais des conserves d'« apple-butter » (sorte de confit de pommes, purée réduite sur le feu pendant des heures) et de la compote que je mets au congélateur.

J'ai une prédilection pour le confit de pommes à base de compote fraîchement cuite, où se mélangent si possible, différentes variétés de pommes, la Parmain dorée striée de rouge, la Gilliflower d'un rouge très foncé, la Cox orange, la Fameuse à l'épiderme rouge et à la chair neigeuse, la Grimes Dorée et la Gravenstein croquante. J'emplis de confit des bocaux d'un demi-litre et d'un quart de litre et l'utilise tout l'hiver, pour des tartes, sur des toasts et pour des gâteaux aux épices et à la compote. C'est l'une de mes conserves préférées pour garnir les paniers de Noël destinés chaque année, à nos sociétés-clients. Le confit de pommes fait-maison n'a pas de rival (excepté peut-être, le confit-maison de pêches, prunes ou poires, fait avec des épices légèrement différentes).

L A R E C E T T E

Pour 12 tartelettes de 10 cm

12 CROÛTES DE TARTELETTES DE 10 CM EN PÂTE BRISÉE (PAGE 198) DÉJÀ À DEMI CUITES ET REFROIDIES

Apple-butter (confit de pommes)

Pour environ 1 litre de confit :

8 DL (LA VALEUR DE 8 LOUCHES) DE COMPOTE DE POMMES FRAÎCHE NON SUCRÉE (VOIR NOTE PAGE 15)

300 G DE SUCRE BRUN

1 CUILLERÉE À CAFÉ DE CANNELLE

1/4 DE CUILLERÉE À CAFÉ DE QUATRE-ÉPICES

1 PINCÉE DE CLOUS DE GIROFLE EN POUDRE

LE JUS ET LE ZESTE RÂPÉ D'UN CITRON

6 POMMES CORTLAND ACIDULÉES, PAS TROP MÛRES, PELÉES, ÉVIDÉES ET COUPÉES EN TRANCHES FINES

1 CUILLERÉE À CAFÉ DE CANNELLE MÉLANGÉE À 2 CUILLERÉES À SOUPE DE SUCRE CRISTALLISÉ

130 G DE RAISINS SECS BLONDS OU NOIRS QUE L'ON A FAIT TREMPER TOUTE LA NUIT DANS 2 CUILLERÉES À SOUPE DE COGNAC (FACULTATIF)

1. Pour faire le confit de pommes, mélanger tous les ingrédients dans une casserole épaisse et cuire, à feu très doux, environ 4 heures. Le mélange doit épaissir et être marron foncé. Attention à ne pas faire attacher le confit. Retirer du feu et laisser refroidir.

2. Préchauffer le four à 190°.

3. Pour faire les tartelettes, emplir chaque croûte avec environ 4 cuillerées à soupe de confit, garnir avec plusieurs lamelles de pommes et saupoudrer d'un peu de sucre à la cannelle ou parsemer de raisins secs trempés dans le cognac (facultatif). Cuire au four 10 à 15 minutes, juste assez pour attendrir les pommes. Servir chaud.

Lorsque je fais beaucoup de tartelettes au confit de pommes je les décore différemment et varie les parfums.

Les pommes coupées en lamelles aussi fines que du papier à cigarette sont disposées en rangées, sur un carré irrégulier de pâte feuilletée. Vous pouvez étaler la pâte en suivant la forme que vous voulez : ovale, triangle, cercle ou carré, petits ou grands.

La première fois que j'ai goûté une tarte aux pommes rustique en pâte feuilletée était chez Eli Zabar. Cette tarte était faite avec des pommes Yellow Delicious, pelées et nappées d'un sirop à base de jus de pommes concentré. Le mélange de pâte feuilletée aérienne et la fraîche saveur des pommes finement coupées en lamelles était divin.

Ma version de cette tarte est faite avec des pommes Gravenstein rouges, non pelées, un peu de sucre et un filet de Sauternes. Je sers cette tarte de préférence sans glaçage, avec de la crème fraîche à peine fouettée.

L A R E C E T T E

Pour une tarte de 30 × 30 cm

450 G DE PÂTE FEUILLETÉE (PAGE 206)

5 CUILLERÉES À SOUPE DE SUCRE CRISTALLISÉ

5 OU 6 POMMES ACIDULÉES GRAVENSTEIN, PAS TROP MÛRES

4 CUILLERÉES À SOUPE DE VIN BLANC DOUX, SAUTERNES DE PRÉFÉRENCE

GARNITURE : CRÈME FRAÎCHE (FACULTATIF)

1. Préchauffer le four à 200°.

2. Abaisser la pâte feuilletée en un grand carré, sur environ 3 mm d'épaisseur. Relever le tour pour former un assez gros bourrelet. Saupoudrer la pâte d'une cuillerée de sucre, la poser sur une tôle mouillée ou recouverte d'un papier sulfurisé, couvrir d'un film plastique et mettre au réfrigérateur.

3. Évider les pommes au vide-pommes et les couper transversalement en lamelles aussi fines que possible, 1,5 mm, pas plus. (Nous avons utilisé un couteau électrique.) Poser les lamelles de pommes sur la pâte, par rangées, en les faisant se chevaucher. Badigeonner le dessus au pinceau avec le vin. Saupoudrer du reste du sucre et cuire environ 30 à 35 minutes, les bords de la tarte doivent brunir légèrement. Si la tarte n'est pas assez dorée, la mettre sous le gril une minute ou deux, en la surveillant pour lui éviter de brûler. Laisser refroidir avant de la couper. Garnir, si on le désire, avec de la crème fraîche légèrement fouettée.

VARIANTE : on peut aussi glacer la tarte avec une gelée transparente de pommes, de coings ou de cerises aigres (page 211).

Les Tourtes aux Pommes

Ma sœur Laura Herbert collectionne les moules à tourtes anciens, ceux qui étaient vendus autrefois, avec leur tourte, contre une consigne de 10 cents. Lorsqu'elle veut faire une tourte, ma sœur prend tout simplement un moule parmi ceux de sa collection exposés sur le mur.

a. Tourte « Toile d'Araignée »

Nous possédons une maison au cœur du Berkshire, à Middlefield, Massachusetts. Là se tient au mois d'août, une foire campagnarde. Depuis vingt ans, nous avons vu chaque année, les rubans bleus de la récompense suprême, aller à la même habitante du pays, pour ses tourtes faites-maison. Lorsqu'on lui pose la question, Mrs Horalek déclare faire sa pâte avec du saindoux ou de la margarine végétale et jamais avec du beurre ou de la margarine solide. Carol Varsano, n'utilise, elle, que de la margarine solide et sa pâte est si croustillante qu'elle s'effrite quand on la coupe et vous fond dans la bouche.

Cette tourte « toile d'araignée » est faite avec des pommes Cortland et sa croûte avec de la margarine solide ou du saindoux. Elle ressemble à celles de Mrs Horalek. La garniture est simplement composée de pommes, avec un peu de citron, de la cannelle, de la muscade et des clous de girofle. Nous avons mélangé un peu de farine à la garniture, à cause du jus abondant rendu par les douze ou quatorze pommes enfermées dans la pâte. La farine épaissit un peu le jus qui ainsi, ne détrempe pas le fond de la tourte. Cette tourte n'est pas nappée mais on peut passer au pinceau un peu de lait sur la pâte, avant de mettre au four, si l'on désire un doré plus foncé.

L A R E C E T T E

Pour une tourte de 25 cm

2 RONDS DE 25 CM DE PÂTE FAITE AVEC UNE AUTRE MATIÈRE GRASSE QUE LE BEURRE (PAGE 203), BIEN FROIDE

- **12 OU 14 POMMES ACIDULÉES CORTLAND, ÉPLUCHÉES ET COUPÉES EN TRANCHES**
- **3 CUILLERÉES À SOUPE DE FARINE**
- **140 G DE SUCRE CRISTALLISÉ**
- **1 PETITE CUILLERÉE À CAFÉ DE CANNELLE ET AUTANT DE MUSCADE**
- **1 PINCÉE DE CLOUS DE GIROFLE EN POUDRE**
- **LE ZESTE RÂPÉ ET LE JUS D'UN CITRON**
- **30 G DE BEURRE FERME, COUPÉ EN PETITS MORCEAUX**

1. Préchauffer le four à 200°.

2. Appliquer un des ronds de pâte dans le moule à tourte de 25 cm. Poser l'autre rond sur du papier sulfurisé et à l'aide d'un couteau de cuisine ou le dos de la lame d'un couteau à découper, dessiner une « toile d'araignée » sur la pâte. Attention à ne pas transpercer la pâte. Faire un petit trou au centre pour laisser échapper la vapeur. Recouvrir chaque rond avec un film plastique pour qu'elle ne se dessèche pas et mettre au réfrigérateur.

3. Mettre les tranches de pommes dans une jatte avec la farine, le sucre, les épices, le zeste et le jus de citron et bien brasser le tout. Poser les pommes dans la pâte bien froide, parsemer de beurre et recouvrir avec le deuxième rond de pâte. Bien souder les bords en les pinçant avec les doigts.

4. Cuire au four environ 45 minutes, la pâte doit être dorée et le jus à l'intérieur, en ébullition. Laisser refroidir avant de servir.

6. Tourte aux Pommes et aux Raisins Secs

Les tourtes réalisées pour ce livre ont été cuites dans différentes sortes de moules : en fer-blanc, en verre, en faïence et en aluminium. Les meilleures croûtes ont été obtenues dans les bons vieux moules en fer-blanc, légers et bon marché. Le fond de toutes les tourtes aux fruits cuites dans ces moules, est doré et croustillant et les bords, qu'ils soient pincés ou décorés, conservent bien leur dessin. La pâte du dessus comme celle du dessous est uniformément dorée.

Nous préférons les tourtes sans complication et celle-ci, aux pommes et aux raisins blonds, est toute simple, juste des pommes, des raisins blonds, du cognac, un peu de sucre et de beurre. C'est une tourte rustique, avec des incisions en forme de S pour laisser échapper la vapeur et des bords épais marqués avec la lame d'un couteau. La pâte brisée est si légère et fondante que je coupe rarement ce qui dépasse sur le pourtour des tourtes aux fruits. Je me contente de l'égaliser puis de la replier, en la roulant pour former un bord épais. Il existe plusieurs méthodes pour pincer la pâte (voir page 204). Et personne ne laissera dans l'assiette la moindre miette du bord de la croûte !

Gros plan d'un des merveilleux moules à tourtes anciens de ma sœur Laura. Elle collectionne seulement ceux qui portent des noms ou des dictons. Des petits trous à la base de ces moules permettent à la pâte du fond de rester croustillante.

L A R E C E T T E

Pour une tourte de 20 cm

DE LA PÂTE BRISÉE POUR UNE TOURTE DE 20 CM, BIEN FROIDE

9 POMMES ACIDULÉES MOYENNES (NOUS AVONS UTILISÉ UN MÉLANGE DE WINTER BANANA ET DE MCINTOSH, ÉPLUCHÉES ET COUPÉES EN LAMELLES)

70 G DE RAISINS SECS BLONDS, MIS À TREMPER TOUTE LA NUIT DANS 2 CUILLERÉES À SOUPE DE COGNAC

70 G DE SUCRE CRISTALLISÉ

30 G DE BEURRE FERME COUPÉ EN PETITS MORCEAUX

1. Préchauffer le four à 200°.

2. Étaler la moitié de la pâte sur une épaisseur de 3 mm et l'appliquer dans un moule à tourte de 20 cm. Mettre au réfrigérateur. Étaler le reste de la pâte et avec un couteau très pointu, faire au centre plusieurs incisions en forme de S, pour laisser échapper la vapeur. Placer le rond du dessus sur une tôle mouillée ou recouverte de papier sulfurisé. Mettre au réfrigérateur.

3. Mettre les pommes et les raisins dans une terrine, ajouter le sucre, bien mélanger en faisant sauter la terrine, puis verser dans le fond de tourte bien froid, parsemer de beurre. Poser délicatement le rond du dessus sur les pommes, égaliser la pâte qui dépasse et pincer les bords pour bien les souder.

4. Mettre au four de 45 à 50 minutes, la croûte doit être dorée et le jus des pommes bouillonner. Laisser un peu refroidir sur une grille à pâtisserie avant de servir.

c. Tourte aux Pommes Quadrillée

Nous avons utilisé des pommes Granny Smith, acidulées et croquantes pour cette tourte quadrillée qui se différencie des simples tourtes aux pommes par le coriandre, le quatre-épices et le zeste d'orange râpé. On peut aussi employer des pommes McIntosh qui sont un peu plus tendres que les Granny Smith et qui cuisent plus vite. Je les coupe généralement en morceaux plus gros.

Le quadrillage a été tressé directement sur la garniture. Lorsque la garniture est chaude ou un peu liquide, on doit d'abord tresser le quadrillage sur un papier sulfurisé puis le transférer rapidement sur le dessus de la tourte (voir la tarte quadrillée au chocolat et noix de pécan, page 172).

L A R E C E T T E

Pour une tourte de 23 cm

UN ROND DE 23 CM DE PÂTE BRISÉE (PAGE 198), PLUS LA PÂTE NÉCESSAIRE POUR LE QUADRILLAGE DU DESSUS, BIEN FROIDE

8 À 9 POMMES GRANNY SMITH, PELÉES, DONT ON A ENLEVÉ LE CŒUR ET COUPÉES EN LAMELLES

1/4 DE CUILLERÉE À CAFÉ DE CORIANDRE EN POUDRE

1/4 DE CUILLERÉE À CAFÉ DE QUATRE-ÉPICES

LE ZESTE RÂPÉ D'UNE GROSSE ORANGE

1 CUILLERÉE À SOUPE DE FARINE

100 G DE SUCRE CRISTALLISÉ

40 G DE BEURRE FERME COUPÉ EN PETITS MORCEAUX

1. Préchauffer le four à 200°.

2. Appliquer le cercle de pâte dans un moule à tourte de 23 cm. Étaler la pâte restante sur une épaisseur de 3 mm au plus et la découper en un maximum de bandelettes (nous avons varié la largeur des bandelettes, 6 mm pour les bandelettes horizontales et 12 mm pour les verticales). Mettre au réfrigérateur la pâte découpée (fond et quadrillage) jusqu'à utilisation.

3. Dans une jatte, mettre les pommes avec les épices, le zeste d'orange, la farine et le sucre. Bien mélanger. Poser le mélange dans le moule foncé de pâte, parsemer de beurre. Tisser les bandelettes de pâte pour former le quadrillage par dessus la garniture et fixer les extrémités sur les bords, en les collant avec un peu d'eau. Pincer le rebord et cuire 50 à 60 minutes, la pâte doit être d'un joli brun doré et le jus des pommes bouillonner. Laisser un peu refroidir avant de servir.

d. Tarte aux Bords Rabattus

Cette tarte est peut-être la plus facile à réaliser de ce livre. Il faut seulement un cercle de pâte de 35 cm de diamètre, huit pommes parfumées, un peu de sucre, du beurre et quelques épices. J'ai toujours en réserve, au congélateur, quelques ronds de pâte brisée, abaissée entre deux films plastiques, de façon à pouvoir faire des tartes comme celle-ci en quelques minutes. Cinq minutes environ, suffisent à dégeler la pâte, assez pour l'appliquer dans le moule.

Ce genre de tarte peut se faire avec toutes sortes de fruits : prunes, pêches, poires, cerises, rhubarbe, etc. On peut ajouter diverses épices, selon les fruits. Rappelez-vous que la saveur de la tarte est due aux fruits frais et plus les ingrédients sont simples, meilleure elle est.

L A R E C E T T E

Pour une tarte de 20 cm

UN CERCLE DE 35 CM DE PÂTE BRISÉE (PAGE 198) BIEN FROIDE

8 POMMES ACIDULÉES, MCINTOSH, BIEN FERMES, OU DES GRANNY SMITH, PELÉES, ÉPÉPINÉES ET COUPÉES EN LAMELLES FINES

100 G DE SUCRE CRISTALLISÉ

1 CUILLERÉE À CAFÉ DE CANNELLE

1 PINCÉE DE MACIS EN POUDRE

1 PINCÉE DE MUSCADE FRAÎCHEMENT RÂPÉE

30 G DE BEURRE FERME, COUPÉ EN PETITS MORCEAUX

1. Préchauffer le four à 190°.
2. Appliquer le rond de pâte dans un moule de 20 cm en l'appuyant sur le pourtour. Poser les pommes coupées dans la pâte et saupoudrer avec le sucre et les épices. Parsemer de beurre. Replier le surplus de pâte vers l'intérieur, par dessus les pommes. Cuire au four environ 45 minutes, la croûte doit être dorée et la garniture de pommes bouillonner. Laisser un peu refroidir et faire glisser la tarte du moule sur un plat à tarte. On peut légèrement poudrer le dessus avec du sucre glace.

VARIANTE : cette tarte est délicieuse, saupoudrée d'une sorte de « panure », mélange grossier de sucre, beurre et flocons d'avoine. C'est un peu plus compliqué mais très, très bon. Replier la pâte qui dépasse et pincer les bords avant de saupoudrer de cette « panure ».

Panure

Pour une tarte de 20 cm

110 G DE BEURRE FERME COUPÉ EN PETITS MORCEAUX DE LA GROSSEUR D'UNE NOISETTE

50 G DE FARINE

150 G DE SUCRE BRUN

100 G DE FLOCONS D'AVOINE

Mettre le beurre et la farine dans un robot et mixer jusqu'à obtention d'une sorte de gros sable. (Vous pouvez aussi utiliser vos doigts, deux couteaux ou un coupe-pâte.) Ajouter le sucre et les flocons d'avoine. Mélanger et verser sur la garniture de fruits. Cuire au four comme indiqué ci-dessus.

CHAPITRE 2

Les variétés de poires, aussi bien d'ailleurs, que de pommes, de pêches et d'autres fruits, n'ont jamais été aussi nombreuses qu'aujourd'hui. Du mois d'octobre jusqu'au mois de juin, on peut en trouver six ou sept espèces excellentes. Les plus communes, dont la Williams rouge et la Williams blanche, sont sur le marché presque toute l'année. Lorsque j'ai sous la main quatre ou cinq poires parfaites, je les utilise généralement pour faire de simples tartes ou des tartes avec une croûte en pâte sucrée. La plupart des poires que nous achetons ne sont pas mûres, elles sont souvent cueillies avant d'être à point parce qu'elles se meurtrissent facilement. Il faut les faire mûrir chez soi, sur le rebord de la fenêtre, dans une jatte ou un panier (la présence d'une banane dans le panier peut accélérer le mûrissement). Les poires mûrissent à partir de l'intérieur et il est difficile de reconnaître quand elles sont à point. La peau doit céder à la pression du doigt et bien sûr, le parfum indique que le fruit est bon à manger.

Une poire parfaitement mûre est tendre mais ne s'écrase pas, sa chair est juteuse et fondante, avec un parfum prononcé particulier à ce fruit. C'est un plaisir que de goûter ces saveurs subtiles et de comparer les parfums si variés des différentes espèces. La Comice, la Beurré Hardy, la Conférence, la Packham et la Williams sont toutes aussi délicieuses, aussi bien pour la table que pour pocher, pour cuire et en pâtisserie. Quelques-unes sont excellentes aussi en sorbet et même en salade.

Dans ce chapitre, j'indique des variétés bien précises parce que j'ai découvert qu'elles conviennent mieux pour certaines recettes. Cependant, comme pour les tartes et les tourtes aux pommes, on peut les remplacer avec succès par d'autres variétés.

Les Poires

Croustade en Pâte Feuilletée aux Poires Parfumées à l'Anis

Voici une autre des croustades raffinées d'Yves Thuries (voir page 11, pour la croustade aux pommes); une garniture de poires enfermées dans deux minces abaisses rondes de pâte feuilletée, soudées et décorées avec des longs rubans de pâte. Pour cette croustade, j'ai utilisé des Comice. La Williams et la Packham donnent aussi d'excellentes croustades, parce qu'elles sont si tendres qu'elles cuisent aussi vite que la pâte. (Les poires plus fermes, comme la Conférence, la Passe-Crassane ou la Belle Anjou, risquent de n'être pas assez cuites.)

On peut utiliser une simple pâte brisée mais je préfère la pâte feuilletée, plus légère, plus croustillante et plus délicate. Le mélange des poires coupées en lamelles, de zeste d'orange râpé et d'anis en grains, rend cette tarte tout à fait originale. La petite quantité de farine ajoutée à la garniture permet d'épaissir le jus. Si on ne mettait pas de farine, le jus rendu par les fruits serait trop liquide pour que la pâte reste croustillante. Ce dessert peut se servir tel quel ou accompagné de crème fraîche sucrée ou non.

L A R E C E T T E

Pour une croustade de 30 cm

450 G DE PÂTE FEUILLETÉE BIEN FROIDE (PAGE 206)

9 PETITES POIRES DE COMICE BIEN MÛRES

100 G DE SUCRE CRISTALLISÉ

1 CUILLERÉE À CAFÉ DE ZESTE D'ORANGE RÂPÉ

1 PETITE CUILLERÉE À CAFÉ D'ANIS EN GRAINS

1 CUILLERÉE À SOUPE DE FARINE

POUR DORER : 1 ŒUF BATTU AVEC 2 CUILLERÉES À CAFÉ D'EAU - DU SUCRE CRISTALLISÉ

ACCOMPAGNEMENT : CRÈME FRAÎCHE SUCRÉE OU NON (FACULTATIF)

1. Abaisser la pâte et découper deux cercles comme pour la Croustade aux pommes (page 11). Avec la roulette à pâtisserie découper dans le reste de la pâte des longues bandes de 13 mm de large. Poser les cercles et les bandes de pâte sur une tôle mouillée ou recouverte d'un papier sulfurisé, couvrir et mettre au frais au moins 30 minutes.

2. Pour la garniture, peler les poires et ôter le cœur. Les couper en tranches dans la longueur. Les mettre dans une grande jatte, ajouter le reste des ingrédients et bien brasser. Mettre de côté.

3. Préchauffer le four à 200°.

4. Pour faire la croustade, poser le rond de pâte de 30 cm sur une tôle mouillée ou recouverte de papier sulfurisé. Avec une cuiller, mettre la garniture au milieu de la pâte et la répartir également jusqu'à environ 4 cm du bord. Poser le cercle de 28 cm sur le dessus. Humecter les bords de la pâte avec de l'eau. Relever le pourtour du cercle de pâte inférieur d'environ 1,5 cm, replier les deux bords ensemble et bien appuyer pour les souder. Avec de l'eau glacée coller les bandelettes de pâte de 13 mm sur le dessus de la tarte en formant un dessin. Dorer au pinceau avec le mélange œuf + eau et saupoudrer de sucre. Cuire au four environ 50 à 60 minutes, la croustade doit être bien gonflée et brun dorée. Laisser refroidir sur une grille à pâtisserie avant de servir. Garnir selon goût, avec de la crème fraîche à peine fouettée sucrée ou non.

Page de gauche : *une moelleuse croustade aux poires est servie sur une ancienne table de taverne, à l'ombre du verger. Du thé au citron, dans des tasses Fire King, l'accompagne à la perfection.*

Tarte aux Poires Williams à la Crème

Dans mon livre « Quick Cook », j'ai donné une recette de poires cuites à la crème qui me paraissait alors le plus simple et le plus délicieux des desserts aux poires. Cette recette-ci n'est pas beaucoup plus compliquée et je crois qu'elle est encore meilleure. La croûte croustillante et d'un brun doré foncé a un goût de sablé et crème et jus des poires se combinent en un mélange onctueux.

La pâte sucrée est souvent difficile à étaler sans la casser ou la déchirer mais comme elle est assez molle on peut facilement réparer les dégâts en la pressant dans le moule avec les doigts. D'ailleurs, la croûte de cette tarte n'a pas besoin d'être parfaite pour être délicieuse.

L A R E C E T T E

Pour une tarte de 30 cm

UN ROND DE 30 CM DE PÂTE SUCRÉE RICHE (PAGE 202), BIEN FROIDE

5 POIRES WILLIAMS ROUGES FERMES MAIS BIEN MÛRES

40 G DE BEURRE MOU

70 G DE SUCRE VANILLÉ (VOIR NOTE PAGE 55)

2 DL DE CRÈME FRAÎCHE

1. Préchauffer le four à 200°.

2. Étaler la pâte sur une épaisseur de 6 mm, placer avec précaution dans un moule à tarte de 30 cm et pincer les bords selon votre goût. Si la pâte se déchire, appuyer dessus pour la recoller. Mettre au frais.

3. Couper les poires en deux et ôter le cœur mais ne pas les peler. Beurrer le côté bombé et disposer les moitiés de poires sur la pâte, côté bombé visible. Saupoudrer de sucre vanillé et mettre aufour 15 à 20 minutes, les poires doivent commencer à s'attendrir. Verser la crème autour des poires, remettre au four et cuire à nouveau 10 à 15 minutes. Servir chaud.

À gauche : *dans une croûte en pâte sablée croustillante sont disposées des demi-poires Williams saupoudrées de sucre vanillé et entourées de crème.*

Tarte aux Poires à l'Envers

Cette tarte, plus que beaucoup d'autres tartes aux poires fait ressortir les qualités propres à ce fruit dont la chair fondante, la saveur douce et sucrée et la perfection de la forme sont pleinement mises en valeur.

Les poires s'accordent très bien avec beaucoup d'autres parfums, tels que le gingembre, le chocolat, le vin rouge ou blanc, le porto, le xérès et les amandes. Elles se marient particulièrement bien avec le caramel qui donne à cette tarte à l'envers un goût délicat tout à fait original. Je la sers à la température de la pièce ou tout juste tiède, avec de la crème fraîche fouettée avec un peu de caramel liquide.

Suivre la recette de la tarte Tatin (page 9) en remplaçant les pommes par 6 à 8 poires Williams ou Belle Anjou, pelées.

L'or pâle des poires posées dans une croûte en pâte brisée croustillante fait de cette tarte l'une des plus ravissantes.

Tarte aux Poires Rouges et Blanches

J'ai inventé cette tarte à la dernière minute, pour un dîner, il y a deux ans. C'est un long rectangle sur lequel alternent des poires pochées dans du vin rouge ou du vin blanc. Le résultat m'a tellement plu que je l'ai faite de nombreuses fois depuis. Les poires Conférence sont pochées dans un vin rouge avec du sirop de cassis et les Williams dans un sirop de vin blanc au citron. Les poires ont été cuites entières, avec leur queues. Pour une tarte de 33 cm de long, il faut trois poires de chaque espèce, coupées en deux dans la hauteur. S'il vous en reste, vous pouvez les garder plusieurs jours au réfrigérateur. Elles sont délicieuses avec de la crème anglaise (page 167) ou même simplement, de la crème fouettée.

Les poires sont placées tête-bêche, dans une croûte de tarte déjà cuite, côté bombé sur le dessus, en alternant les couleurs. Pour servir, il est amusant de couper la tarte en parts étroites en donnant à chaque invité une part blanche et une part rouge.

J'ai fait cuire cette tarte sur une épaisse tôle à rebords, ne se déformant pas à la cuisson, ce qui permet aux longues tartes rectangulaires comme celle-ci, de bien garder leur forme.

L A R E C E T T E

Pour une longue tarte rectangulaire

UNE CROÛTE DE 12 × 54 × 2,5 CM, EN PÂTE SUCRÉE (PAGE 102) DÉJÀ CUITE ET REFROIDIE

Poires pochées au vin rouge

1 BOUTEILLE DE VIN ROUGE SEC
1 « ÉTOILE » D'ANIS ÉTOILÉ
1 GRAIN DE GENIÈVRE
6 CUILLERÉES À SOUPE DE CRÈME DE CASSIS
LE ZESTE D'UNE ORANGE
2 CLOUS DE GIROFLE
50 G DE SUCRE CRISTALLISÉ
5 POIRES CONFÉRENCE, FERMES MAIS ASSEZ MÛRES, PELÉES MAIS AVEC LEUR QUEUE

Poires pochées au vin blanc

1 BOUTEILLE DE CHAMPAGNE, DE VIN BLANC PÉTILLANT OU DE VIN BLANC SEC
2 CUILLERÉES À SOUPE DE JUS DE CITRON FRAIS
200 G DE SUCRE CRISTALLISÉ
1 BÂTON DE CANNELLE
LE ZESTE D'UN CITRON
1/2 GOUSSE DE VANILLE
5 POIRES WILLIAMS, FERMES MAIS ASSEZ MÛRES, PELÉES MAIS AVEC LEUR QUEUE

Crème

2 ŒUFS
100 G DE SUCRE CRISTALLISÉ
30 G DE FARINE TAMISÉE
2 DL DE CRÈME FRAÎCHE
4 CUILLERÉES À SOUPE DE LIQUEUR DE POIRE (FACULTATIF)

DU SUCRE GLACE

1. Pocher les poires dans le vin rouge et le vin blanc, en suivant la même méthode : mélanger tous les ingrédients sauf les fruits dans une grande casserole. Porter à ébullition et cuire 5 minutes. Ajouter les poires, baisser le feu et cuire environ 20 à 30 minutes, jusqu'à ce que les poires soient tendres. Si c'est nécessaire, tourner doucement les poires par les queues, pour qu'elles cuisent également. Retirer les fruits et les poser dans un plat creux, faire bouilir le liquide de la casserole à gros bouillons, pour le réduire de moitié. Verser le sirop sur les poires et mettre au réfrigérateur, en les couvrant, au moins 6 heures et de préférence toute la nuit.

2. Pour faire la crème, battre les œufs et le sucre jusqu'à ce que le mélange épaississe et blanchisse. Ajouter la farine, bien mélanger. Ajouter la crème fraîche et la liqueur et battre à nouveau pour obtenir un mélange parfait et sans grumeaux.

3. Préchauffer le four à 200°.

4. Pour faire la tarte, couper en deux et en long chaque poire pochée refroidie et enlever le cœur avec précaution, laisser les queues intactes, choisir les cinq moitiés les plus belles et les placer sur la croûte, tête-bêche, en alternant les couleurs. (Selon sa forme, la tarte nécessitera plus ou moins de poires.) Répartir la crème aux œufs autour des poires (juste à mi-hauteur). Cuire 20 à 25 minutes, la crème doit être prise et légèrement dorée. Retirer du four, poudrer de sucre glace et cuire à nouveau 5 à 10 minutes, juste pour faire fondre le sucre. Servir chaud.

STAMFORD

Tarte aux Poires à la Frangipane

L A R E C E T T E

Pour une tarte de 25 cm

UN FOND DE TARTE EN PÂTE BRISÉE DE 25 CM, BIEN FROIDE (PAGE 198)

110 G DE BEURRE

100 G DE SUCRE CRISTALLISÉ

1 ŒUF

100 G D'AMANDES EN POUDRE

3 CUILLERÉES À SOUPE DE RHUM

1 CUILLERÉE À CAFÉ D'EXTRAIT D'AMANDES

1 CUILLERÉE À SOUPE DE FARINE

6 POIRES POCHÉES DANS DU VIN BLANC (PAGE 34) BAIGNANT DANS 1 DL DU LIQUIDE DE CUISSON, REFROIDI

1. Préchauffer le four à 220°.

2. Pour faire la frangipane, battre au fouet électrique le beurre et le sucre jusqu'à obtention d'une consistance légère et crèmeuse. Ajouter l'œuf, la poudre d'amandes, le rhum, l'extrait d'amandes et la farine et battre pour que le mélange soit bien homogène. Répartir cette garniture épaisse sur le fond de tarte bien froid et mettre au réfrigérateur pendant que vous préparez les poires.

3. Retirer les poires du liquide de cuisson et les couper en deux dans la hauteur. Ôter le cœur et la queue. Placer chaque moitié sur une planche à découper, côté bombé sur le dessus et les couper dans la largeur, en tranches fines. Disposer les moitiés de poires en tranches sur la frangipane autour de la tarte, en laissant un espace entre chaque moitié et placer une demi-poire au centre. En disposant les fruits essayer de « tirer » un peu chaque tranche vers le centre, ce qui allonge les poires et permet de mieux garnir la tarte. Mettre au four pendant 45 minutes ou plus, la pâte doit être brun doré et la frangipane gonflée et dorée.

4. Pendant la cuisson de la tarte, porter le liquide de pochage réservé à ébullition et le faire réduire de moitié. Le passer au pinceau sur la tarte tout juste sortie du four. Servir tiède.

Quand j'ai commencé à organiser des « grands » dîners, l'un de mes desserts préférés était cette tarte à la frangipane. Je fais pocher dans du vin blanc sec ou du champagne des poires fermes mais mûres (Williams ou Comice) qui sont ensuite partagées en deux, épépinées puis coupées en tranches transversalement (comme indiqué sur l'illustration) ou bien dans la longueur, puis disposées sur une pâte brisée ou une croûte aux amandes, sur une garniture également aux amandes, parfumée au rhum. Pendant la cuisson la frangipane gonfle et dore autour des poires. Une tarte de 25 cm est largement suffisante pour dix personnes et on peut même en resservir. Cette tarte demande environ 6 poires.

On peut disposer les poires à sa fantaisie. Il est aussi possible de les couper dans la longueur en tranches fines et les arranger en cercles concentriques, comme pour une tarte aux pommes. Des pêches pochées au vin rouge peuvent remplacer les poires. Napper la tarte avec un peu du liquide utilisé pour pocher, réduit à un sirop épais.

Cette tarte que toute cuisinière possède à son répertoire offre le mariage classique des poires et des amandes.

Douillons aux Pommes ou aux Poires

Voici un bon dessert familial, en pâte feuilletée ou en simple pâte brisée, l'une comme l'autre donnant des résultats aussi satisfaisants. La pâte feuilletée est un peu plus légère et si vous faites les douillons plusieurs heures avant de servir, vous vous apercevrez qu'elle se tient mieux. Nous avons utilisé des poires Conférence et Williams ainsi que des bonnes variétés de pommes à cuire, telles la Cortland et l'Ida Red, qui toutes, se révélent excellentes pour ces douillons individuels.

On peut envelopper les fruits de plusieurs façons. Je découpe des grands X dans la pâte feuilletée et des triangles équilatéraux dans la pâte brisée. Les poires doivent être légèrement pochées et refroidies avant d'être enveloppées. Les pommes qui cuisent généralement plus vite que les poires ne nécessitent pas de pré-cuisson. Il est préférable de laisser les queues des fruits intactes, pour faciliter leur maniement. Je décore les fruits enveloppés avec des feuilles et leurs tiges en pâte, collées avec de l'eau froide.

Sur le rebord en pin, contre le mur de la cuisine, des douillons au ventre rebondi, attendent qu'on les serve. Une atmosphère romantique est créée par la douce lumière des lampes à pétrole et des bougeoirs en verre moulé de mon mari.

L A R E C E T T E

Pour 8 gros douillons

PÂTE BRISÉE (QUANTITÉ DONNÉE DANS LA RECETTE (PAGE 198) OU 450 G DE PÂTE FEUILLETÉE (PAGE 206) BIEN FROIDE

100 G DE SUCRE CRISTALLISÉ
4 CUILLERÉES À CAFÉ DE CANNELLE
60 G DE BEURRE FERME COUPÉ EN PETITS MORCEAUX

8 POIRES POCHÉES (PAGE 34) REFROIDIES ET ÉGOUTTÉES OU 8 POMMES FERMES MAIS BIEN MÛRES

POUR DORER : 1 ŒUF BATTU AVEC 2 CUILLERÉES À CAFÉ D'EAU

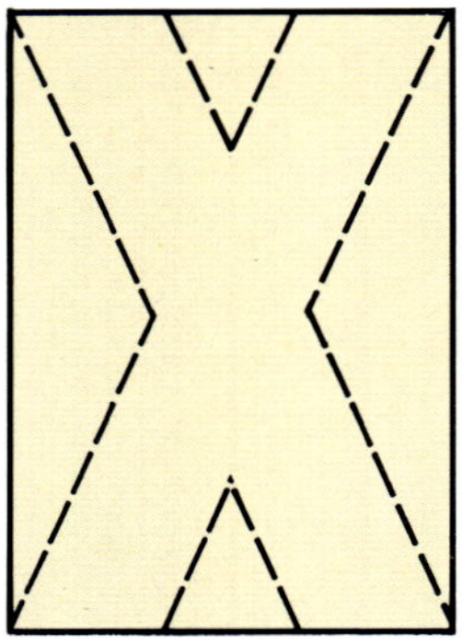

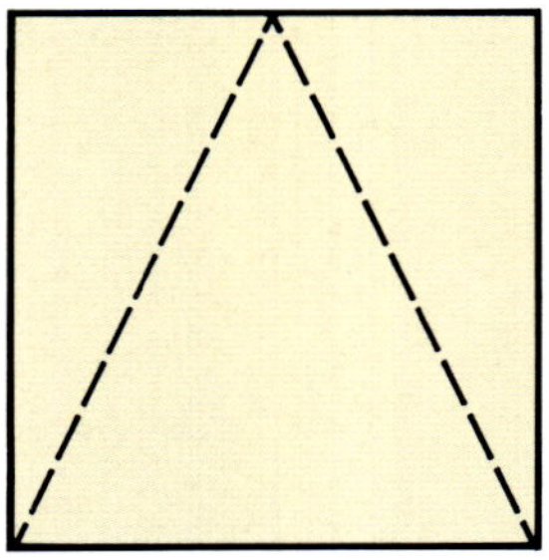

1. Étaler la pâte sur une épaisseur de 3 mm au plus. Avec un couteau aiguisé découper 8 rectangles (dans la pâte feuilletée) ou 8 carrés (dans la pâte brisée). Puis, découper un triangle dans chaque carré et un grand X dans chaque rectangle. Dans les chutes de pâte découper le plus de feuilles possible et avec le dos du couteau, dessiner dessus des nervures. Garder la pâte au frais sur une tôle mouillée ou recouverte de papier sulfurisé jusqu'à utilisation.

2. Préchauffer le four à 200°.

3. Mélanger sucre et cannelle dans une terrine. Mettre de côté. Peler les fruits sans toucher aux queues. Ôter le cœur de chaque fruit avec précaution, par le fond et avec un vide-pomme, jusqu'à environ 2 cm du haut. Emplir chaque fruit avec le mélange sucre-cannelle et parsemer de beurre. Poser chaque poire ou pomme, queue vers le haut au milieu d'un triangle ou d'un X de pâte. Relever et rapprocher les bords de la pâte, les humecter avec de l'eau et appuyer pour les souder. Décorer les douillons avec les feuilles collées avec un peu d'eau. Placer le tout sur une tôle recouverte d'un papier sulfurisé et mettre au frais jusqu'à la cuisson.

4. Badigeonner chaque douillon au pinceau avec le mélange œuf + eau et cuire au four environ 20 à 25 minutes. La pâte doit être bien gonflée et dorée.

VARIANTES : le centre de chaque fruit peut être empli de fruits séchés (raisins secs trempés dans du cognac, abricots secs coupés menu, etc.) ou de noix ajoutées au sucre et à la cannelle.

Les pommes et les poires cachées sous leur couverture de pâte attendent d'être dorées à l'œuf.

Tartelettes aux Poires Pochées

Rien n'est plus délicieux que les poires pochées au bourgogne, la pâte feuilletée légère et croustillante ou la crème légèrement fouettée, mais lorsque ces trois éléments sont réunis, l'ensemble constitue un vrai régal. Pour pocher des poires, je préfère une variété ferme telle la Conférence, longue et imposante, au col élancé et la Comice, plus ventrue ; toutes deux ont une chair ferme, délicate et parfumée. Choisissez des poires bien mûres mais pas trop, et sans défauts qui se révéleraient une fois le fruit pelé et poché ; les queues doivent être solides.

Je commence par peler les poires avec un couteau-économe, en veillant à laisser la queue intacte, puis je les poche aussitôt dans le vin rouge à peine frémissant, jusqu'à ce qu'elles soient tendres mais sans s'écraser. Lorsque c'est possible, je laisse les fruits toute la nuit, au réfrigérateur, dans leur liquide de pochage. Ils acquièrent ainsi un ton plus soutenu et se raffermissent, ce qui permet de les couper plus facilement.

Des poires pochées dans le vin rouge sont coupées en tranches dans la longueur puis disposées en éventail sur la pâte feuilletée et forment un dessert raffiné. Ces tartelettes sont servies au salon, dans des assiettes anciennes en majolique, sur une table du XVIIIe siècle, dont le tour rappelle un bord de tarte.

L A R E C E T T E

Pour 4 tartelettes de 10 cm

120 G DE PÂTE FEUILLETÉE BIEN FROIDE (PAGE 206)

4 POIRES POCHÉES AU VIN ROUGE (PAGE 34)

4 CUILLERÉES À CAFÉ DE SUCRE CRISTALLISÉ

POUR DORER : 1 JAUNE D'ŒUF BATTU AVEC 1 CUILLERÉE À CAFÉ D'EAU

GARNITURE : CRÈME LÉGÈREMENT FOUETTÉE OU CLOTTED CREAM DU DEVON (SORTE DE CRÈME ÉPAISSE, SPÉCIALITÉ ANGLAISE, DANS LES ÉPICERIES FINES)

1. Étaler la pâte sur une épaisseur de 3 mm environ au plus. Avec un cercle à tarte de 10 cm ou un coupe-pâte assez grand, découper quatre ronds de pâte et les placer sur une tôle mouillée ou recouverte de papier sulfurisé. Mettre au réfrigérateur.

2. Préchauffer le four à 200°.

3. Retirer les poires du liquide de pochage et bien les égoutter. Avec un couteau bien aiguisé, couper chaque poire dans la hauteur, en tranches de 6 mm environ d'épaisseur, sans les détacher complètement, jusqu'à 2 cm du bord de la queue. Retirer avec précaution les tranches contenant les pépins. Faire bien attention à laisser les queues intactes. Écarter les tranches en éventail et placer chaque poire sur un rond de pâte feuilletée. Saupoudrer chacune de 1 cuillerée à café de sucre et passer délicatement au pinceau le mélange œuf + eau, pour dorer. Cuire au four pendant 20 à 25 minutes, la croûte doit être gonflée et dorée. Servir chaud ou tiède, avec de la crème légèrement fouettée ou un bol de Clotted Cream du Devon que l'on trouve dans les épiceries fines.

NOTE : on peut étaler et découper à l'avance la pâte feuilletée et la garder au réfrigérateur jusqu'à utilisation.

CHAPITRE 3

Rien n'égale le goût, la texture, la couleur et le parfum des fruits du verger cueillis sur l'arbre, à parfaite maturité. Bien sûr, peu nombreux sont ceux qui ont la chance d'avoir des arbres fruitiers dans leur verger ou leur jardin. Mais, depuis une vingtaine d'années, les pépiniéristes se sont attachés à produire des arbres basse-tige ou demi-tige, qui ne dépassent pas 4 mètres de hauteur à taille adulte. On peut alors cueillir près de 90 % des fruits à partir du sol. Ces arbres, plus précoces que les hautes tiges de plein vent, produisent une énorme quantité de fruits par branche et sont parfaits pour ceux qui disposent de peu d'espace et veulent cependant récolter leurs propres fruits.

Chez nous, c'est Andy, mon mari, qui s'occupe du verger. Il plante, taille et traite les arbres et me prévient quand les fruits sont bons à cueillir. La taille est ce qu'il y a de plus difficile et ce qui prend le plus de temps, mais lorsqu'on le fait correctement, c'est un véritable art. En face d'un arbre à la ramure parfaitement équilibrée, Andy éprouve un sentiment d'accomplissement.

À Westport, se trouve un magasin appelé Hay Day dont les propriétaires cultivent leur propre verger et vendent des fruits mûrs à point. On trouve partout, et de plus en plus, des petits exploitants, offrant aux passants sur un étal au bord de la route, les fruits de leur récolte du jour. Ceci était courant il y a vingt-cinq ans et je souhaite que, à nouveau, ce mode de vente redevienne un moyen populaire d'acheter les produits locaux.

Dans les recettes qui suivent, les fruits sont généralement interchangeables. On peut garnir la tarte aux pêches avec des prunes, des abricots ou des nectarines et les tartes aux abricots avec des petites pêches à noyau libre ou des prunes pelées. Les galettes, tartes faites d'un rond de pâte feuilletée peuvent être garnies avec l'un quelconque de ces fruits et le résultat en est tout aussi délicieux.

Les Pêches, les Prunes, les Abricots et les Nectarines

Tarte Pétale aux Pêches

Cette tarte aux fruits frais crus est garnie de quatre très grosses pêches Reine des Vergers, pelées, partagées en deux, coupées en tranches et disposées dans une croûte de tarte en forme de pétale, déjà cuite. On ne cuit pas les pêches mais on se contente de les ébouillanter, ce qui permet d'enlever facilement la peau, et de verser dessus le nappage à l'abricot brûlant, ce qui suffit à les attendrir.

Les pêches choisies pour cette tarte, doivent être absolument sans défauts, fermes tout en étant bien mûres et assez grosses pour que quatre d'entre elles suffisent, une fois coupées, à remplir toute la croûte de tarte.

Celle-ci est en pâte sucrée, avec un bord épais marqué en biais avec la lame d'un couteau. Comme on ne met pas de sucre dans cette tarte, on peut en ajouter à la crème fouettée qui l'accompagne.

Des capucines cueillies au mois d'août dans le jardin de fines herbes, décorent cette tarte aux pêches aussi fraîche que l'été.

L A R E C E T T E

Pour une tarte de 25 cm

UNE CROÛTE DE TARTE DE 25 CM EN PÂTE SUCRÉE (PAGE 202) EN FORME DE PÉTALE, DÉJÀ CUITE ET REFROIDIE

4 TRÈS GROSSES PÊCHES REINE DES VERGERS

POUR NAPPER : 2 DL DE CONFITURE D'ABRICOT

2 CUILLERÉES À SOUPE DE GRAND MARNIER

1. Pour peler facilement les pêches, les poser dans une grande casserole d'eau bouillante et les retirer avec une écumoire dès que l'ébullition reprend. Quand elles sont assez refroidies, les peler, les couper en deux dans la hauteur et ôter le noyau. Placer chaque moitié sur une planche à découper et les couper transversalement en tranches de 6 mm d'épaisseur, en gardant la forme de la demi-pêche. Disposer les moitiés de pêches dans la croûte déjà cuite, de façon à former une fleur, comme dans l'illustration.

2. Faire fondre la confiture avec du Grand Marnier sur feu doux. Passer le tout et réduire, le sirop doit épaissir un peu. Badigeonner les pêches avec le nappage et laisser refroidir.

Tarte à l'Envers aux Pêches

Des quartiers de pêche caramélisés sont parfaitement rangés dans la croûte de pâte brisée fondante de cette tarte à l'envers.

Pour cette tarte qui est une variante de la tarte Tatin de la page 9, j'ai utilisé neuf grosses pêches à noyau libre. La peau de ces pêches était d'un si joli jaune foncé lavé de rose que je n'ai pas pelé les fruits qui semblent d'ailleurs ainsi mieux garder leur forme.

Les fruits étant cuits dans un caramel blond avant d'être retournés sur un plat, il est important de bien les disposer dans le poêlon. Une demi-pêche est posée au milieu et des quartiers sont rangés tout autour, côté bombé contre le fond. On comble les espaces vides avec des tranches plus petites avant de mettre une seconde couche sur celle du fond pour que la tarte soit bien remplie de fruits.

Tarte aux Pêches

L A R E C E T T E

Pour une tarte de 25 cm

UN FOND DE TARTE DE 25 CM EN PÂTE BRISÉE (PAGE 198) BIEN FROIDE

24 PETITES PÊCHES DE VIGNE, BIEN MÛRES, NON PELÉES, DÉNOYAUTÉES ET COUPÉES EN TRANCHES

25 G DE FARINE TAMISÉE

100 À 150 G DE SUCRE CRISTALLISÉ (PLUS OU MOINS SELON GOÛT)

30 G DE BEURRE FERME COUPÉ EN PETITS MORCEAUX

LE JUS D'UN $^1/_2$ CITRON

ACCOMPAGNEMENT : CRÈME FOUETTÉE (FACULTATIF)

1. Préchauffer le four à 200°. Emplir le fond de tarte avec les pêches coupées en tranches.

2. Mélanger le sucre et la farine et en saupoudrer les pêches. Parsemer de beurre et arroser de jus de citron. Cuire au four environ 50 minutes, la pâte doit être dorée, les pêches cuites et le jus rendu par les fruits, bouillonner. Laisser un peu refroidir avant de servir avec accompagnement de crème fouettée (facultatif).

Pour utiliser les petites pêches de vigne si parfumées, j'aime beaucoup faire cette tarte abondamment garnie de fruits. Celle-ci est servie sur une ancienne planche à pain dont le bord se pare d'un filet bleu. Les bols en faïence bleue font partie d'une série trouvée chez un antiquaire, sur la côte Est du Maryland.

Lorsque nous avons découvert notre maison de Turkey Hill Road, à Westport, la toute première chose que nous avons faite, mon mari et moi, fut de planter quarante-cinq arbres fruitiers dans ce qui serait plus tard notre verger. À cette époque, nous ne possédions qu'une vieille ferme délabrée qu'il fallait d'urgence réparer et restaurer, et un terrain de 8 000 m^2. Les arbres furent commandés chez Henry Leuthardt, pépiniériste à East Moriches, Long Island, parce que son catalogue contenait des variétés de fruitiers et d'arbustes à petits fruits extrêmement curieuses et intéressantes. Tous les arbres d'origine ont survécu, sauf les nectarines et cinq pruniers.

Les deux pêchers à pêches blanches ont bien poussé et chaque année, nous récoltons des kilos de fruits que j'utilise de nombreuses façons. Ces petites pêches ont une chair excellente et sont parmi les plus parfumées. Il existe plusieurs autres variétés à chair blanche telles Amsden ou Reine des Vergers.

Une tourte aux bords relevés, tarte familiale par excellence, est certainement une des plus faciles à faire. Si vous avez pris la précaution de mettre des ronds de pâte déjà étalés entre deux films plastiques dans votre congélateur, vous pourrez confectionner cette tourte en quelques minutes et sans aucun problème. Nous avons utilisé des prunes quetsche violettes, fermes mais mûres à point, coupées en tranches. Les pommes, abricots, poires, nectarines ou pêches peuvent leur être substitués et les parfums légèrement varier mais les tourtes faites avec chacun de ces fruits sont toutes aussi délicieuses. Parfumez les quartiers de pommes avec du beurre, de la cannelle et du jus de citron, les abricots avec seulement du beurre et du sucre, les poires avec du beurre, du macis et du sucre, les nectarines avec du beurre, du sucre et du zeste de citron et les pêches avec du beurre, du sucre et du jus de citron vert.

Cette tourte aux prunes, rapide et facile à faire, est posée devant une collection d'objets en terre cuite peinte, française, du XIXe siècle, trouvée à la boutique de Pat Guthman, « L'Abeille dans la Cuisine ».

Tourte aux Prunes aux Bords Relevés

LA RECETTE

Pour une tourte de 20 cm

UN CERCLE DE 35 CM DE PÂTE BRISÉE BIEN FROIDE (PAGE 198)

1 BON KILO DE PRUNES VIOLETTES FERMES (QUETSCHES, PRUNES D'ENTE) LAVÉES, DÉNOYAUTÉES ET COUPÉES EN QUARTIERS

30 G DE FARINE TAMISÉE

100 G DE SUCRE CRISTALLISÉ

$^1/_4$ DE CUILLERÉE À CAFÉ DE MUSCADE FRAÎCHEMENT RÂPÉE

LE JUS D'$^1/_2$ CITRON

30 G DE BEURRE FERME COUPÉ EN PETITS MORCEAUX

LAIT OU CRÈME (FACULTATIF)

DU SUCRE GLACE

1. Préchauffer le four à 200°.

2. Mettre les quartiers de prunes dans une terrine, ajouter farine, sucre, muscade et jus de citron et mélanger pour bien enrober les fruits.

3. Mettre la pâte dans un moule à tourte de 20 cm et garnir avec les prunes. Parsemer de beurre et replier par-dessus les fruits la pâte qui dépasse. On peut dorer la pâte au pinceau, avec du lait ou de la crème. Cuire environ 40 minutes, les prunes doivent être cuites, le jus doit bouillonner et la croûte être dorée. Laisser un peu refroidir avant de poudrer de sucre glace et de servir.

Pour savoir si un fruit est arrivé à parfaite maturité, il suffit de le humer... Ceci est valable pour les prunes, les pêches, les nectarines, les abricots, les poires, les ananas, les fraises et la plupart des melons. Si un fruit a un parfum sucré de fruit mûr, c'est qu'il est généralement mûr. Si, en plus, la peau cède sous une légère pression du doigt, il est alors bon à consommer.

Les prunes sont l'un des fruits les plus difficiles à bien choisir. Elles paraissent souvent parfaites, charnues et juteuses et se révèlent cependant dures et insipides. C'est pour cela que je n'achète jamais des fruits emballés sous plastique.

Nous avions cinq merveilleux pruniers dans notre premier verger : un très grand Prune de Damas demi-tige qui produisait une quantité de fruits pour les confitures, les conserves et les tartelettes, une Reine-Claude aux fruits parfumés et juteux, un German que l'on dit être la plus ancienne prune cultivée et dont le noyau libre en fait une bénédiction pour les tartes et les gâteaux, un Prune de Shiro aux petits fruits dorés, parfaits pour cuire au four et un Santa Rosa qui donne des fruits acidulés, très parfumés. Ces pruniers prospérèrent pendant six ans, puis contractèrent une maladie spécifique qu'aucun traitement et aucune taille ne put enrayer et nous avons dû les arracher tous. Nous essayons à nouveau cette année.

Tarte aux Prunes à la Crème

L A R E C E T T E

Pour une tarte de 19 cm

UNE CROÛTE DE 19 CM EN PÂTE BRISÉE (PAGE 198) DÉJÀ À DEMI CUITE ET REFROIDIE

4 OU 5 PRUNES MOYENNES, FERMES MAIS BIEN MÛRES (QUETSCHE, AUTUMN ROSA ET SANTA ROSA CONVIENNENT BIEN)

30 G DE BEURRE SOUPLE

Crème

1 ŒUF

70 G DE SUCRE CRISTALLISÉ

25 G DE FARINE

1 DL 1/2 DE CRÈME FRAÎCHE

1 CUILLERÉE À SOUPE DE COGNAC

50 G DE SUCRE VANILLÉ (VOIR NOTE PAGE 55)

1. Préchauffer le four à 190°.

2. Beurrer chaque prune avec quelques grammes de beurre mou puis les couper soit en deux, soit en huit. Disposer les prunes dans la croûte de tarte et cuire au four environ 15 minutes pour attendrir les fruits.

3. Pendant que la tarte est au four, préparer la crème. Battre l'œuf et le sucre jusqu'à obtention d'un mélange épais et jaune pâle. Ajouter la farine et mélanger intimement. Ajouter crème fraîche et cognac, mélanger. Répartir la crème autour des prunes à demi-cuites et saupoudrer de sucre vanillé. Remettre la tarte au four et cuire encore environ 20 minutes ; la crème doit être gonflée et dorée. Laisser refroidir avant de servir.

VARIANTE : on peut faire quatre tartelettes de 10 cm, en coupant les prunes en tranches et en répartissant environ 6 cuillerées à soupe de crème aux œufs dans chaque croûte de tartelette à demi-cuite.

Des tartes et des tartelettes aux prunes, à l'odeur délicieuse, faites avec des fruits cuits dans une crème aux œufs, sont mises à refroidir sur les marches du porche.

Ces tartelettes constituent des desserts de dernière minute, très faciles à faire et délicieux ! Si vous savez vous organiser, vous aurez dans votre congélateur, une boîte en plastique emplie de croûtes de tartelettes, déjà cuites, et il ne vous faudra alors pas plus de vingt minutes pour confectionner et cuire les tartelettes.

J'aime beaucoup choisir les fruits les plus colorés pour préparer ce type de tartelettes, par exemple des Reines-Claudes Dorées de notre prunier. Elles sont peut-être encore plus délicieuses que les Reines-Claudes d'Oullins.

On peut faire ces tartelettes avec beaucoup d'autres espèces, aussi bien des Reines-Claudes de Bavay ou des Prunes d'Ente que n'importe quelle prune de bonne taille, ferme et sucrée. Je pèle généralement les prunes, en revanche, je laisse le plus souvent la peau des pêches, des abricots, des poires ou des nectarines.

Cette recette demande du sucre vanillé. Je trouve que le parfum et le goût naturel de la vraie gousse de vanille ajoutent quelque chose de spécial aux fruits cuits, particulièrement pour ces tartes et tartelettes toutes simples. Le sucre vanillé est facile à faire et vous pouvez garder le même récipient pendant des années en ajoutant des gousses fraîches et du sucre et en le gardant hermétiquement clos, à l'abri de l'air.

Près de la piscine, ce dessert estival rafraîchissant est servi dans des assiettes en verre transparent 1930.

Tartelettes aux Reines-Claudes

L A R E C E T T E

Pour 4 tartelettes de 10 cm

4 CROÛTES DE TARTELETTES DE 10 CM, EN PÂTE BRISÉE (PAGE 198) DÉJÀ CUITES À DEMI ET REFROIDIES

2 GROSSES PRUNES MÛRES, REINE-CLAUDE DORÉE OU REINE-CLAUDE D'OULLINS

30 G DE BEURRE FERME

4 CUILLERÉES À CAFÉ DE SUCRE VANILLÉ (VOIR NOTE CI-DESSOUS)

1 DL DE CRÈME FRAÎCHE

GARNITURE : FEUILLES DE MENTHE FRAÎCHE

1. Préchauffer le four à 190°.

2. Porter de l'eau à ébullition dans une grande casserole, y plonger les prunes et les retirer à l'écumoire dès la reprise de l'ébullition. Quand elles sont suffisamment refroidies, ôter la peau avec un couteau aiguisé. Couper les prunes en deux et ôter les noyaux. Placer une moitié dans chaque croûte de tartelette, côté bombé vers le haut, parsemer du quart du beurre, saupoudrer de 1 cuillerée à café de sucre vanillé. Cuire environ 15 minutes, les fruits doivent être tendres et juteux. Laisser refroidir quelques minutes.

3. Avant de servir, verser environ 2 cuillerées à soupe de crème autour de chaque prune et garnir avec une feuille de menthe.

NOTE : pour faire le sucre vanillé, introduire une ou plusieurs gousses de vanille dans un pot de sucre cristallisé fermant hermétiquement et laisser de côté pendant plusieurs semaines. Le sucre vanillé se garde indéfiniment et vous pouvez simplement ajouter du sucre dans le pot au fur et à mesure. Cette recette ne donne pas seulement un excellent sucre très parfumé mais permet de garder les gousses de vanille sans qu'elles se dessèchent. J'achète mes gousses de vanille en gros, dans une boutique spécialisée dans les épices et les conserve de cette façon.

Tarte aux Abricots

Nous avons maintenant plus d'une centaine d'arbres dans notre verger mais pour quelque obscure raison, nous n'avons eu aucune chance avec les abricotiers. Mais nous allons sûrement essayer, encore cette année, de trouver deux ou trois variétés qui consentiront à s'acclimater chez nous.

Pendant la très courte saison des abricots, je cours les marchés à la recherche de fruits fermes mais mûrs à point, parfumés et à la chair fine. Lorsque j'étais en train de travailler sur ce livre, j'ai trouvé d'excellents abricots de Californie, pendant près de trois semaines, jusqu'à fin août. Je les ai achetés par cageots entiers et j'ai fait tartes sur tartes, tourtes, confitures, chutney et compotes. J'en ai mangé une quantité prodigieuse en les prenant directement dans les cageots. Peu de fruits peuvent rivaliser avec un bon abricot et une tarte garnie d'oreillons fondants, nappée de marmelade faite-maison parfumée d'une touche de Grand Marnier, n'a pas sa pareille.

L A R E C E T T E

Pour une tarte de 28 cm

UNE CROÛTE DE TARTE DE 28 CM EN PÂTE BRISÉE (PAGE 198), DÉJÀ À DEMI-CUITE ET REFROIDIE

12 ABRICOTS FERMES MAIS MÛRS À POINT

50 G DE SUCRE VANILLÉ (VOIR NOTE PAGE 55)

POUR NAPPER : 8 CUILLERÉES À SOUPE DE MARMELADE D'ABRICOTS
2 CUILLERÉES À SOUPE DE GRAND MARNIER

GARNITURE : 2 CUILLERÉES À SOUPE DE DEMI-PISTACHES ÉMONDÉES (FACULTATIF)

1. Préchauffer le four à 190°.

2. Pour peler facilement les abricots, porter une grande casserole d'eau à ébullition, y plonger les fruits, faire repartir l'ébullition et les retirer à l'écumoire au bout de 30 secondes. Lorsqu'ils sont suffisamment refroidis, ôter la peau. Couper les abricots en deux et ôter les noyaux.

3. Pour faire le nappage, faire fondre la marmelade avec le Grand Marnier et passer à travers une passoire fine.

4. Saupoudrer le fond de la croûte de tarte avec le sucre vanillé. Disposer les abricots, côté bombé vers le haut et saupoudrer à nouveau avec du sucre vanillé. Cuire au four environ 10 minutes, le sucre doit fondre et le jus commencer à sortir des abricots. Retirer du four, napper de marmelade, disposer des pistaches sur le dessus. Laisser refroidir avant de servir.

Une nappe à jours très travaillée, met en valeur cette tarte aux abricots qu'un nappage à la marmelade rend brillante. La fourchette provient de ma collection de fourchettes à gâteaux françaises.

Galette aux Nectarines

Voici un dessert somptueux et cependant tout simple, une pâte feuilletée aérienne, surmontée de nectarines coupées en fines tranches, mûres à point et parfumées. Les nectarines étant très juteuses, il est préférable de saupoudrer la pâte d'un peu de farine et de sucre avant d'y mettre les fruits. Cela permet d'épaissir le jus sans altérer le parfum du fruit.

Les nectarines rivalisent en popularité avec les pêches pour plusieurs raisons : leur peau est lisse et n'a pas besoin d'être pelée pour une galette ou une tourte ; la plupart ont un noyau libre, ce qui permet de les couper en tranches facilement ; elles sont généralement bien fermes, sucrées et juteuses. Lorsque vous achetez des nectarines, recherchez les fruits parfumés, teintés de rose et sans défauts. Les soins et traitements à donner aux nectariniers sont les mêmes que pour les pêchers et une taille régulière et rigoureuse est nécessaire. Nos arbres de trois ans sont extrêmement productifs et c'est un plaisir de pouvoir récolter des fruits mûris sur l'arbre en août et en septembre.

On peut utiliser des nectarines dans toutes les recettes aux pêches ou aux abricots. Si la recette exige de peler les fruits, faites-le avec un couteau éplucheur, plutôt qu'en les plongeant dans l'eau bouillante comme pour les pêches ou les abricots.

L A R E C E T T E

Pour une tarte de 23 cm

UN CERCLE DE 23 CM DE PÂTE FEUILLETÉE (PAGE 206) BIEN FROIDE

2 CUILLERÉES À SOUPE DE FARINE

100 G DE SUCRE CRISTALLISÉ

4 NECTARINES FERMES MAIS MÛRES À POINT, NON PELÉES, PARTAGÉES EN DEUX, DÉNOYAUTÉES ET COUPÉES EN TRANCHES FINES

15 G DE BEURRE FERME COUPÉ EN PETITS MORCEAUX

POUR DORER : 1 JAUNE D'ŒUF BATTU AVEC 1 CUILLERÉE À SOUPE DE CRÈME FRAÎCHE

1. Préchauffer le four à 200°.
2. Placer le cercle de pâte feuilletée sur une tôle recouverte de papier sulfurisé. Avec une fourchette, piquer la pâte excepté sur environ 1 cm 1/2, sur le pourtour et saupoudrer de farine et de 50 g de sucre, seulement au milieu.
3. Disposer les tranches de nectarines en commençant par le pourtour, sur la pâte piquée à la fourchette, en cercles concentriques, jusqu'à recouvrir complètement la pâte. Dorer à l'œuf la partie visible de la pâte feuilletée, saupoudrer les fruits du reste du sucre et parsemer de beurre. Mettre au four 18 à 20 minutes, les fruits doivent être cuits et la pâte gonflée et brun doré. Servir aussitôt.

VARIANTES : on peut utiliser des pommes ou des pêches à la place des nectarines. Il n'est alors pas nécessaire de saupoudrer la pâte de farine, ces fruits donnant beaucoup moins de jus.

Trois galettes refroidissant sur des grilles à pâtisserie. En haut, à droite : *aux nectarines,* à gauche : *aux pêches,* en bas : *aux pommes. Les fleurs séchées proviennent de la collection de la photographe qui a réalisé toutes les photos appétissantes de ce livre.*

CHAPITRE 4

Pour les Indiens d'Amérique, les fruits sauvages étaient le «don des dieux» parce qu'il y a quelques centaines d'années, toutes sortes d'espèces poussaient partout, fraises des bois, myrtilles, groseilles, mûres des bois et des haies, baies de sureau et framboises rouges ou noires. Aujourd'hui, nous trouvons le plus souvent les fruits sauvages le long des chemins sableux, dans les champs caillouteux ou près des vieux murs de pierre. Ils poussent mieux dans la lumière chaude du soleil mais des buissons bien développés tolèrent une ombre légère.

J'ai toujours aimé faire pousser des petits fruits. Les variétés offertes à l'amateur par les catalogues sont incroyablement nombreuses et la mise à fruits demande très peu de temps. Les fraisiers produisent dès la première année, les framboisiers, les groseilliers et les mûriers donnent généralement une récolte appréciable à partir de la deuxième année, les myrtilliers et les groseilliers à maquereau seront couverts de fruits à partir de la troisième année. La plupart de ces petits fruits demandent peu à être taillés ou éclaircis, peu de traitements et ne donnent aucun souci.

Dans notre propriété, j'ai planté un grand nombre de framboisiers en rangées de 150 mètres. Andy, mon mari, a imaginé et posé un tuteurage consistant en deux rangs de treillage métallique. Les groseilliers, les groseilliers à maquereau et les myrtilliers ne demandent pas de tuteurs mais simplement beaucoup d'espace entre chaque pied et entre les rangées, pour faciliter soins et cueillette. Je plante les mûres à l'écart à cause de leurs longs rameaux rampants et épineux. Les fraisiers demandent à être pincés chaque année. Un de mes amis m'a donné des plants produisant des gros fruits juteux pendant trois semaines, mais ils ont beaucoup de coulants qui, si on ne les pince pas, forment de nouveaux plants et affaiblissent le pied mère qui donne alors des fraises moins grosses. Les fraises des bois doivent aussi être pincées, mais une fois tous les deux ou trois ans suffit.

Les oiseaux, les lapins et autres bestioles font souvent des ravages dans les récoltes lorsque les fruits mûrissent. N'oubliez pas, en conséquence, de recouvrir les arbustes et les plantations d'un filet plastique.

Les Petits Fruits

Cœur aux Mûres

Cette tarte raffinée est servie sur un plateau d'argent décoré de roses White Wing, dont le cœur rappelle la couleur des fruits. De la liqueur de mûres accompagne le dessert.

L A R E C E T T E

Pour une tarte de 18 cm en forme de cœur

UNE CROÛTE DE TARTE DE 18 CM EN PÂTE BRISÉE (PAGE 198), EN FORME DE CŒUR, DÉJÀ CUITE ET REFROIDIE

POUR NAPPER : 1 DL $^1/_2$ DE GELÉE DE GROSEILLES - 2 CUILLERÉES À SOUPE DE LIQUEUR DE MÛRES

2 DL DE CRÈME PÂTISSIÈRE (VOIR CI-DESSOUS) PARFUMÉE AVEC UNE CUILLERÉE À SOUPE DE LIQUEUR DE MÛRES

600 G DE MÛRES FRAÎCHES

GARNITURE : CRÈME FOUETTÉE

Crème Pâtissière

Pour $^1/_2$ litre

2 DL DE LAIT

$^1/_2$ GOUSSE DE VANILLE

50 G DE SUCRE CRISTALLISÉ

+ 1 CUILLERÉE À SOUPE

3 JAUNES D'ŒUF

1 CUILLERÉE À SOUPE DE MAÏZENA

1 CUILLERÉE À SOUPE DE FARINE (OU DE PRÉFÉRENCE, DE LA CRÈME DE RIZ, PLUS LÉGÈRE)

1 NOISETTE DE BEURRE - 2 DL DE CRÈME FRAÎCHE (FACULTATIF)

1. Faire fondre la gelée de groseilles avec la liqueur, sur feu doux. Passer à travers une passoire fine et laisser un peu refroidir.

2. Pour faire la crème pâtissière, porter à ébullition le lait avec la vanille et 50 g de sucre. Dans une terrine, fouetter les jaunes d'œufs et le reste du sucre, jusqu'à ce que le mélange épaississe. Ajouter la maïzena et la farine et continuer à fouetter jusqu'à ce que le mélange soit parfaitement homogène.

3. Retirer la gousse de vanille du lait. Verser la moitié du lait dans la terrine aux jaunes d'œuf, tout en fouettant. Reverser le tout dans le reste du lait et porter rapidement à ébullition, en remuant sans arrêt pour empêcher d'attacher. Retirer du feu et verser dans une jatte, laisser refroidir. Poser le beurre sur le dessus pour empêcher une peau de se former. Couvrir d'un film plastique et laisser refroidir complètement.

VARIANTE : pour une crème pâtissière plus légère, fouetter la crème fraîche et la mélanger délicatement à la crème pâtissière avec une cuiller en bois.

4. Pour faire la tarte, répartir également la crème pâtissière dans la croûte de tarte et disposer dessus les mûres (garder une dizaine des plus belles). Badigeonner délicatement avec le nappage et décorer avec les mûres réservées. Mettre au réfrigérateur jusqu'au moment de servir. Servir avec accompagnement de crème fouettée.

Je me souviens de l'époque où l'on trouvait des mûres sauvages seulement fin juillet ou début août. Aujourd'hui, elles sont cultivées un peu partout et on les trouve sur les marchés à plusieurs périodes de l'année. La mûre cultivée, grosse et sucrée, a moins de petites graines que les mûres sauvages. Le buisson sur lequel elle pousse, est curieusement sans épines ce qui facilite la cueillette. En 1981, mon mari et moi, nous avons planté une rangée de ces mûres sans épines, des Loganberry, et chaque année nous apporte maintenant une grosse récolte de mûres longues de 2,5 cm, que j'utilise fraîches, pour des tartes, des tourtes, des gelées et des confitures. J'en mets aussi au congélateur pour faire, hors saison, des sauces et des puddings cuits à la vapeur.

J'aime beaucoup la tarte aux mûres, dessert raffiné et qui fait grand effet. Celle-ci, en forme de cœur, est très facile à faire. De la crème pâtissière parfumée à la liqueur de mûres, garnit le fond de la croûte de tarte, les fruits sont ensuite empilés sur la crème et nappés. Comme la forme des fruits est dissimulée par le nappage, je remets quelques mûres sur le dessus.

Tarte aux Framboises en Forme de Cœur

Un jour que j'étais en train de travailler sur ce livre, je fis une découverte à la fois utile et intéressante. Je voulais obtenir de la gelée en faisant cuire un peu de jus de coings avec du sucre, mais j'avais retiré le sirop du feu avant qu'il arrive au stade de la gelée. Une fois refroidi, ce sirop épais avait une si jolie couleur rose doré et était si délicieux que je m'en servis pour sucrer la crème fouettée avec laquelle j'allais garnir la croûte de tarte. La crème épaissit et resta ferme plusieurs heures (la crème fouettée peut tourner en eau si on la fait attendre mais la pectine des coings l'en avait empêché). Le goût en était inhabituel et délicieux. J'utilisai le même sirop pour napper les framboises rouges. Aussi transparent que du cristal, ce sirop est assez léger pour ne pas assombrir les délicates framboises.

Cette croûte de tarte en forme de cœur est parfaite pour contenir de savoureuses framboises rouges, nappées de sirop et posées sur un fond de crème fouettée parfumée à la gelée de coings.

L A R E C E T T E

Pour une tarte de 22 cm en forme de cœur

UNE CROÛTE DE TARTE DE 22 CM EN PÂTE BRISÉE (PAGE 198), EN FORME DE CŒUR, DÉJÀ CUITE ET REFROIDIE

4 DL DE CRÈME FRAÎCHE

6 CUILLERÉES À SOUPE DE SIROP DE COINGS (PAGE 211)

800 G DE FRAMBOISES ROUGES FRAÎCHES

POUR NAPPER : 4 CUILLERÉES À SOUPE DE GELÉE DE COINGS (PAGE 211), FONDUE ET LÉGÈREMENT REFROIDIE

Fouetter la crème jusqu'à ce qu'elle soit mousseuse. Ajouter le sirop de coings et fouetter à nouveau pour obtenir une crème bien ferme. Répartir la crème fouettée sur la croûte de tarte. Disposer soigneusement la moitié des framboises sur la crème et poser ensuite une seconde couche de fruits, en les rangeant bien. Napper légèrement avec la gelée de coings. Servir immédiatement.

Voici un dessert extrêmement facile à faire. Rien n'est plus simple que de remplir à la dernière minute ces croûtes de tartelettes conservées au congélateur, avec de la crème fouettée aromatisée et des framboises rouges fraîches et bien mûres.

Les variantes de cette recette, si l'on peut appeler ainsi ce mélange aussi délicieux que facile à faire, sont infinies. Je confectionne des tartelettes semblables avec des garnitures de groseilles à maquereau, coupées en tranches et nappées de marmelade d'abricots, de fraises des bois saupoudrées de sucre, de mûres nappées de gelée de mûres et de framboises rouges et noires masquées par un fin glaçage de gelée de framboises rouges. C'est une agréable et savoureuse façon de servir tous ces petits fruits de fin d'été.

On pose délicatement des framboises sans défauts sur un simple fond de crème fouettée, aromatisée. Pour que la croûte reste croustillante, chaque tartelette est d'abord badigeonnée avec un peu de gelée de groseille avant d'être remplie. Le même nappage est utilisé sur le dessus des framboises pour les faire briller.

Tartelettes aux Framboises Rouges

L A R E C E T T E

Pour 4 tartelettes de 10 cm

4 CROÛTES DE TARTELETTES DE 10 CM EN PÂTE BRISÉE (PAGE 198) DÉJÀ CUITES ET REFROIDIES

3 DL DE CRÈME FRAÎCHE

1 CUILLERÉE À SOUPE DE LIQUEUR DE FRAMBOISE (FACULTATIF)

275 G DE FRAMBOISES ROUGES, FRAÎCHES

POUR NAPPER : 1 DL DE GELÉE DE GROSEILLES

1. Faire fondre la gelée dans une petite casserole et la passer. Badigeonner au pinceau avec un peu de gelée, le fond et le bord intérieur des croûtes de tartelettes déjà cuites.

2. Fouetter la crème (en ajoutant la liqueur de framboise si on le désire) jusqu'à ce qu'elle soit mousseuse et la répartir également dans les 4 croûtes de tartelettes. Disposer soigneusement les framboises dessus. Badigeonner au pinceau, avec la gelée restante et mettre au frais jusqu'au moment de servir.

Tartelettes aux Framboises Jaunes

Il y a trois ans, mon mari Andy et moi, nous avons planté une variété relativement récente de framboises jaunes remontantes, appelées Fall Gold. Ces framboises jaunes proviennent d'un croisement entre la framboise rouge Taylor, la Fall Red et une framboise sauvage de Corée. Dès le premier automne, nous avons été récompensés par des gros fruits sucrés et parfumés. Ces framboises font toujours sensation lorsque je les utilise dans des tartes, des gâteaux de mariage ou simplement toutes seules, avec de la crème épaisse.

J'ai vu sur les quais de Paris des plants de framboises jaunes à vendre mais si vous ne les cultivez pas dans votre jardin, vous pouvez remplacer ces framboises jaunes par des rouges, tout simplement, des Malling Promise, ou Zeva, ou des September (plus foncées). Un long rectangle de pâte feuilletée peut remplacer les croûtes de tartelettes en pâte brisée, et le résultat est spectaculaire (voir la photographie page suivante).

Les fruits ont une couleur et un goût si délicats qu'aucun nappage n'est nécessaire mais vous pouvez cependant utiliser une gelée de framboises transparente et dorée (faite avec des fruits trop mûrs ou trop petits) ou de coings, de cerises aigres ou de pommes, passée au pinceau sur les framboises.

L A R E C E T T E

Pour 4 tartelettes de 10 cm

QUATRE CROÛTES DE TARTELETTES DE 10 CM EN PÂTE BRISÉE (PAGE 198) DÉJÀ CUITES ET REFROIDIES

2 DL DE CRÈME PÂTISSIÈRE (PAGE 63)

550 G DE FRAMBOISES JAUNES, FRAÎCHES

POUR GLACER (FACULTATIF) : DE LA GELÉE DE FRAMBOISES JAUNES, DE COINGS, DE CERISES AIGRES OU DE POMMES (PAGE 211), FONDUE AVEC UNE CUILLERÉE À SOUPE DE LIQUEUR DE FRAMBOISE, DE GRAND MARNIER OU DE COGNAC

Répartir 4 cuillerées à soupe de crème pâtissière dans chaque croûte de tartelettes et disposer les framboises sur le dessus. Napper avec de la gelée si on le désire.

VARIANTE : on peut utiliser les graines d'une grenade à la place des framboises ou bien un mélange des deux. Une bonne grenade doit être rouge foncé, dure et lourde. Inciser l'écorce en quartiers avec la pointe d'un couteau inoxydable (un couteau ordinaire décolore le fruit). Avec la pointe du couteau, forcer ensuite pour ouvrir la grenade. Ne pas couper le fruit pour ne pas abîmer les graines. Faire sortir les graines avec le doigt. Lorsque l'écorce du fruit est rouge, il arrive cependant que l'intérieur soit pâle ou même blanchâtre. Dans ce cas, les graines n'ont généralement aucun goût et doivent être jetées.

VARIANTE : pour le feuilleté aux framboises jaunes (page 70), utiliser un rectangle de pâte feuilletée de 48 × 12 cm (page 206), à la place des tartelettes.

Cette petite tartelette, servie sur une assiette en verre ambre-rose des années 1930 et accompagnée d'un verre de Sauternes, constitue un dessert très raffiné.

Feuilleté aux Framboises Jaunes

Un feuilleté aux framboises jaunes (voir variante page 68).

Tarte Génoise aux Framboises

L'été dernier, au cours d'un voyage à Paris pour rendre visite à ma fille Alexis, je suis allée de pâtisserie en pâtisserie, essayant toutes les tartes ou tartelettes qui me séduisaient. C'était les vacances d'été et beaucoup des pâtisseries les plus connues montraient porte close, mais je réussis à découvrir une véritable perle, sur la rive gauche*, qui je crois, est la meilleure pâtisserie de Paris pour ses extraordinaires et délicieuses tartes. C'est dans cette boutique, chez Monsieur Lerch, que j'ai dégusté cette tarte aux framboises, cuite dans une pâte de génoise légère et fondante et nappée de gelée de framboises rouges.

* 4, rue du Cardinal-Lemoine, 75005 PARIS.

Ma version de cette spécialité est faite avec les framboises Taylor de mon verger et légèrement poudrée de sucre glace.

L A R E C E T T E

Pour une tarte de 25 cm

UNE CROÛTE DE TARTE DE 25 CM EN PÂTE BRISÉE (PAGE 198) DÉJÀ À DEMI CUITE ET REFROIDIE

Génoise

3 ŒUFS	**UNE PINCÉE DE SEL**
100 G DE SUCRE CRISTALLISÉ	**60 G DE BEURRE FONDU ET REFROIDI**
1/2 CUILLERÉE À CAFÉ D'EXTRAIT DE VANILLE	**70 G DE FARINE**
1 CUILLERÉE À SOUPE DE LIQUEUR DE FRAMBOISE OU DE GRAND MARNIER	
550 G DE FRAMBOISES ROUGES, FRAÎCHES	**SUCRE GLACE**

POUR NAPPER : 1 DL DE GELÉE DE FRAMBOISES ROUGES, FONDUE ET PASSÉE

1. Pour faire la génoise, battre au mixer les œufs, le sucre, la vanille, la liqueur de framboise et le sel ensemble pendant 10 minutes. Le mélange doit devenir jaune pâle et très épais. Incorporer rapidement mais délicatement 1/3 de la farine. Avant qu'elle soit complètement incorporée, ajouter le 1/3 du beurre fondu, continuer à incorporer alternativement farine et beurre fondu, jusqu'à ce que tout soit incorporé. Ne mélanger pas trop longtemps pour que la pâte reste mousseuse et légère.

2. Verser rapidement la pâte de génoise dans la croûte de tarte déjà à demi-cuite, et disposer environ 1/4 des framboises sur le dessus. Saupoudrer avec un peu de sucre glace et mettre au four 15 à 18 minutes, la croûte doit être dorée et la génoise céder légèrement sous la pression du doigt. Poser sur une grille à pâtisserie et laisser refroidir.

3. Disposer soigneusement les framboises restantes sur deux cercles concentriques sur le pourtour de la tarte et badigeonner légèrement le dessus avec la gelée de framboise. Servir immédiatement.

Tarte aux Groseilles

Nous avons toujours eu des groseilliers. Mon père en avait planté quelques-uns à Nutley pour que ma famille puisse faire de la gelée de groseilles chaque année. Dans notre propriété de Middlefield, mon mari Andy et moi, nous avons planté six groseilliers aussitôt que nous avons commencé à bêcher notre premier jardin. Nous les avons transplantés dans le coin réservé aux petits fruits, de même que nos premiers myrtilliers, et ils sont maintenant de bonne taille et très robustes, et nous prodiguent des groseilles en quantité pour les gelées, sirops, tartes et tourtes.

La variété de groseilliers la plus courante des catalogues est la Red Lake, qui est certainement une des meilleures, aux gros grains sucrés. Les groseilles sont mûres fin juillet, début août, elles sont faciles à cueillir et à utiliser. Rondes et transparentes, elles font toujours beaucoup d'effet sur une tarte, et sont délicieuses. Lorsque j'utilise une croûte de pâte brisée, je dispose les fruits sur un fond de crème pâtissière. Avec une croûte de tarte aux amandes, je me contente de les poser directement dans la croûte et les nappe d'une bonne quantité de gelée de groseilles.

L A R E C E T T E

Pour une tarte rectangulaire de 35 × 11 cm ou en forme de cœur de 20 cm

UNE CROÛTE DE TARTE EN PÂTE BRISÉE (PAGE 198) RECTANGULAIRE OU EN FORME DE CŒUR, DÉJÀ CUITE ET REFROIDIE

3 DL DE CRÈME PÂTISSIÈRE (PAGE 63)

450 G À 600 G DE GROSEILLES ROUGES, FRAÎCHES, SOIGNEUSEMENT ÉGRENÉES

2 DL DE NAPPAGE À LA GELÉE DE GROSEILLES (PAGE 211)

Étaler la crème pâtissière dans la croûte de tarte. Poser les groseilles dessus. Napper au pinceau ou à la cuiller. Mettre au réfrigérateur jusqu'au moment de servir, au moins 1 heure mais pas plus de 3 heures, sinon le nappage risque de se diluer et ne gardera pas sa belle apparence.

VARIANTE : ne pas mettre de crème pâtissière mais disposer les groseilles dans une croûte aux noix (page 205) et verser dessus le nappage à la gelée de groseilles. Mettre au réfrigérateur, de 1 à 3 heures. Servir avec de la crème tout juste fouettée si on le désire.

Les groseilles brillent comme des bijoux sur cette tarte (à gauche et ci-dessous) qui, avec la tarte aux fraises en forme de sapin de Noël (ci-dessous et page 76) font grand effet sur la table des desserts, à notre réception de Noël de l'année dernière.

Tarte de Noël aux Fraises

Les fraises luisent sur cette tarte de fête en forme de sapin, elles sont partagées en deux et nappées de gelée. La tarte est entourée de houx et de branchettes de sapin.

Pour Noël, mon mari Andy et moi, nous donnons généralement une réception « dans toute la maison » ! Cette année, nous avons invité cent cinquante amis pour un dîner-buffet à cinq heures. Les hors-d'œuvre, accompagnés de vins, de champagne et d'« egg-nog », étaient servis dans la maison. À six heures et demie, les invités furent priés de sortir pour aller dans ma grande cuisine-atelier, où nous avions installé deux immenses buffets sur lesquels voisinaient viandes, volailles, salades, pains divers et condiments. Après le dîner, chacun revint dans la maison principale, pour se régaler avec les desserts exposés dans la salle à manger, un croquembouche, une bûche de Noël de deux mètres trente de long, des cakes, des plum-puddings, des compotes de fruits frais, des tartes aux petits fruits et une maison en pain d'épice toute illuminée (voir la photographie de la page précédente).

Pour faire la tarte de Noël aux fraises de la table des desserts, j'ai utilisé un moule à gâteau mexicain, en forme d'arbre. Je m'en suis servie avec de la pâte brisée, comme je l'aurais fait avec un moule à tarte ordinaire.

L A R E C E T T E

Pour une grande tarte. (Notre moule-sapin mesure 30 cm de long et 23 cm à la base.)

UNE GRANDE CROÛTE DE TARTE EN PÂTE BRISÉE (PAGE 198), DÉJÀ CUITE ET REFROIDIE

4 DL DE CRÈME PÂTISSIÈRE (PAGE 63) OU DE CRÈME FOUETTÉE TRÈS FERME

1,2 KILO DE FRAISES FRAÎCHES, ÉQUEUTÉES ET PARTAGÉES EN DEUX DANS LA LONGUEUR

1 DL À 1 DL 1/2 DE NAPPAGE À LA GELÉE DE GROSEILLES (PAGE 211)

Étaler la crème pâtissière également dans la croûte de tarte. Disposer les fruits sur la crème en rangées se chevauchant, sans les mettre à plat mais en les dressant un peu. Badigeonner au pinceau avec le nappage. Mettre au réfrigérateur jusqu'au moment de servir, de 1 à 3 heures.

NOTE : les grosses fraises doivent être coupées en deux. Si elles sont trop rondes et pas assez pointues, les couper dans la longueur mais sur la partie la plus étroite pour qu'elles paraissent plus pointues.

Cœur aux Fraises

Cette tarte en forme de cœur est une variante de la tarte de Noël aux fraises (page ci-contre). La croûte est faite en pâte feuilletée et non de pâte brisée et les fraises sont coupées en tranches dans la longueur. On n'utilise pas de crème pâtissière, la tarte étant servie avec une jatte de crème fouettée sucrée.

Des coupes à gâteaux en verre taillé, posées sur des fichus de dentelle, offrent deux cœurs en pâte feuilletée garnis de fraises coupées en tranches et nappées de gelée de coings fondue.

L A R E C E T T E

Pour une tarte de 18 à 21 cm

UNE CROÛTE DE TARTE EN PÂTE FEUILLETÉE (PAGE 206) EN FORME DE CŒUR, DÉJÀ CUITE ET REFROIDIE
600 À 900 G DE FRAISES FRAÎCHES, ÉQUEUTÉES ET COUPÉES EN TRANCHES DANS LA LONGUEUR
POUR NAPPER : 1 DL DE GELÉE DE COINGS (PAGE 211), FONDUE ET REFROIDIE
ACCOMPAGNEMENT : CRÈME FOUETTÉE SUCRÉE AVEC DU SIROP DE COINGS (PAGE 211)

Disposer les tranches de fraises, côté pointu vers le haut dans la croûte de tarte. Verser doucement le nappage sur les fruits, en les recouvrant bien et mettre au réfrigérateur. Servir avec de la crème fouettée parfumée au coing.

Tartelettes aux Fraises des Bois

Les fraises des bois sont des fraises parfumées d'origine européenne qu'apprécient les jardiniers pour leurs plates-bandes de fines herbes et de vivaces. Les plants sont compacts et foisonnants et produisent des fruits à longueur d'été. La culture des fraisiers ne réclame que deux conditions : planter une excellente variété, et cueillir les fruits mûrs de façon continue. Ma plantation de fraisiers a commencé en 1973, avec une dizaine de plants reçus en cadeau. Grâce aux pinçages et à la division des touffes, tous les deux ans, notre jardin peut s'enorgueillir aujourd'hui, de centaines de plants vigoureux et productifs qui s'alignent le long des chemins et des bordures de brique des plates-bandes. Les fraisiers tolèrent un peu d'ombre mais, en plein soleil, donnent des fruits plus gros et plus sucrés.

Ces tartelettes sont assez grandes et avec des bords assez hauts, la beauté de la fraise des bois est ainsi mieux mise en valeur. Pour ne pas gâcher le goût délicat et unique en son genre des fruits, le fond de tarte est empli d'une garniture toute simple de crème fouettée ou de crème fraîche sucrée. On peut cependant lui substituer de la crème pâtissière ou bavaroise à la vanille.

LA RECETTE

Pour 2 tartelettes à hauts bords de 13 cm

2 CROÛTES DE TARTELETTES DE 13 CM À HAUTS BORDS, EN PÂTE BRISÉE (PAGE 198) DÉJÀ CUITES ET REFROIDIES

2 DL DE CRÈME FRAÎCHE
350 G DE FRAISES DES BOIS
1 CUILLERÉE DE SUCRE CRISTALLISÉ *OU* 1 CUILLERÉE À CAFÉ D'EXTRAIT DE VANILLE (FACULTATIF)

1. Fouetter la crème fraîche pour qu'elle soit bien ferme et mousseuse, ajouter le sucre ou l'extrait de vanille (facultatif) quand la crème a commencé à épaissir. Mettre au frais.

2. Pour faire la tarte, étaler la crème fouettée dans les croûtes de tartes et disposer les fraises des bois dessus, côté queue vers le bas. Garnir avec quelques fleurs et feuilles de fraisier. Servir immédiatement.

VARIANTE : utiliser de la crème pâtissière (page 63) ou une crème à la vanille bavaroise à la place de la crème fouettée.

Quelques fleurs de fraisiers des bois avec leurs feuilles, décorent le dessus de cette tartelette pour deux, abondamment garnie de crème fraîche. Une coupe à champagne ancienne en verre taillé, emplie de champagne à la liqueur de fraise, est l'accompagnement parfait de cette symphonie baroque.

J'aime faire des tartes avec les myrtilles que nous offrent nos myrtilliers, je peux ainsi utiliser les fruits les plus gros et les plus appétissants.

De toutes les variétés cultivées de petits fruits, le myrtillier est le plus long à produire, mais, une fois qu'il est bien installé, c'est lui qui vit le plus longtemps. L'année dernière, nous avons récolté des myrtilles depuis le début d'août jusqu'à la fin du mois d'octobre, mais une récolte qui s'étale sur autant de semaines est exceptionnelle. Nous avons acheté nos premiers myrtilliers chez Leuthardt, Long Island, et nous avons plusieurs Earliblues, Collins, Jersey et Coville. Il y a quatre ans, nous avons planté quelques Atlantic et cette année, nous voudrions essayer une seconde rangée de New Herbert, dont les fruits font, paraît-il, deux centimètres et demi de diamètre. Si vous voulez obtenir des myrtilles, il est nécessaire de planter au moins deux variétés différentes, pour une bonne pollinisation et une production de fruits plus importante.

Nous utilisons les myrtilles dans des tartes, des tourtes et des muffins. Mon mari Andy apprécie aussi mon gâteau de myrtilles. Je congèle des quantités de myrtilles sur des tôles à pâtisserie et les rassemble ensuite dans des boîtes rigides, pour les utiliser en hiver. Quand elles sont congelées de cette façon, elles perdent peu de leur parfum et sont moins aqueuses que congelées avec du sucre ou dans du sirop.

Tarte aux Myrtilles

L A R E C E T T E

Pour une tarte de 19 × 28 × 2,5 cm

UNE CROÛTE DE 19 × 28 × 2,5 CM EN PÂTE BRISÉE (PAGE 198) DÉJÀ CUITE ET REFROIDIE

600 G DE MYRTILLES FRAÎCHES, LAVÉES, ÉGOUTTÉES ET ÉQUEUTÉES
POUR NAPPER : 1 DL $^1/_2$ DE GELÉE DE CERISES AIGRES (PAGE 211)
100 G DE SUCRE CRISTALLISÉ (PLUS OU MOINS SELON GOÛT)
2 CUILLERÉES À SOUPE DE GRAND MARNIER

1. Pour faire le glaçage, fondre la gelée dans une petite casserole. Ajouter sucre et Grand Marnier et remuer sur feu doux jusqu'à ce que le sucre soit dissout et le mélange transparent. Passer et laisser un peu refroidir.

2. Pour faire la tarte, disposer les myrtilles dans la croûte de tarte et badigeonner légèrement au pinceau ou verser le glaçage sur les fruits. Laisser refroidir avant de couper et de servir.

VARIANTE : étaler 4 dl de crème pâtissière (page 63) dans le fond de la croûte avant d'y mettre les myrtilles.

Une branchette de myrtilles et ses baies garnissent une tarte aux myrtilles fraîches, servie comme pour un pique-nique, dans un panier à provisions, à côté de faïence de Quimper.

Tourte aux Myrtilles

Voici l'une de ces recettes qui s'impose dans un livre sur les tourtes et tartes, une tourte aux bords très hauts, avec un « couvercle » décoré.

Les myrtilles fraîches sont si bonnes et ont un parfum si délicat que j'hésite à mettre dans une tourte ou une tarte, quoi que ce soit qui pourrait dénaturer ce parfum. Ainsi, ma tourte aux myrtilles ne contient rien d'autre que des myrtilles, du sucre, un peu de farine pour épaissir le jus et une noix de beurre pour rehausser le parfum des fruits. Je n'aime pas utiliser des épices comme la muscade ou la cardamome avec les myrtilles et je trouve que même le jus de citron est superflu.

Les myrtilles fraîches sont de beaucoup les meilleures pour les tourtes, aussi bien les grosses myrtilles cultivées que les petites baies sauvages, moins sucrées, des régions montagneuses. On peut utiliser des myrtilles surgelées mais elles donnent une tourte plus aqueuse, beaucoup moins parfumée et « goûteuse ».

Le dessus de cette tourte est très décoratif. On découpe dans la pâte des feuilles, ici, bien entendu, des feuilles de myrtillier, et on les dispose sur le dessus de la tourte. On badigeonne ensuite au pinceau avec un mélange de jaune d'œuf et de crème et on saupoudre de sucre, ce qui donne à la tourte une couleur chaude et brillante.

Sur une grille à pâtisserie ancienne, refroidit une tourte aux myrtilles tout juste sortie du four et recouverte d'un « couvercle » de feuilles en pâte. Des croûtes de tartelettes, faites avec des restes de pâte, et des pots de gelée de cerises aigres et de groseilles faits maison, attendent sur le rebord de la fenêtre.

LA RECETTE

Pour une tourte à hauts bords de 28 cm

PÂTE BRISÉE (PAGE 198) POUR UNE TOURTE DE 28 CM, BIEN FROIDE

900 G DE MYRTILLES FRAÎCHES, LAVÉES, ÉGOUTTÉES ET ÉQUEUTÉES.

30 À 50 G DE FARINE TAMISÉE

200 G + 1 CUILLERÉE À SOUPE DE SUCRE CRISTALLISÉ

15 G DE BEURRE COUPÉ EN PETITS MORCEAUX

POUR GLACER : 1 ŒUF BATTU AVEC 1 DL DE CRÈME FRAÎCHE

1. Préchauffer le four à 200°. Abaisser la moitié de la pâte en un cercle assez grand pour un moule à tarte de 28 cm, aux rebords de 5 cm. Disposer la pâte dans le moule et mettre au réfrigérateur.

2. Abaisser le reste de la pâte sur une épaisseur de 3 mm et découper des feuilles avec un couteau aiguisé. Marquer les nervures avec le dos de la lame. Poser les feuilles sur une tôle mouillée ou recouverte d'un papier sulfurisé, couvrir et mettre au réfrigérateur jusqu'au moment de l'utiliser.

3. Mettre les myrtilles dans une grande jatte et saupoudrer avec la farine, 200 g de sucre et le beurre. Mélanger délicatement, en faisant sauter la terrine, pour que les fruits soient bien enrobés.

4. Badigeonner au pinceau le fond et le rebord intérieur avec le mélange œuf + crème puis y verser les myrtilles. Disposer les feuilles sur les fruits, de façon à les recouvrir presque complètement. Badigeonner les feuilles avec le mélange œuf + crème et saupoudrer avec 1 cuillerée à soupe de sucre. Cuire au four 50 minutes, le jus des myrtilles doit bouillonner et épaissir. Laisser refroidir complètement sur une grille à pâtisserie avant de couper.

Les airelles sont utilisées traditionnellement dans les sauces et farces accompagnant la dinde de Noël ou du Thanksgiving. Depuis plusieurs années déjà, je fais des desserts aux airelles et les tartes aux airelles en pâte brisée ou en pâte aux noix, sont devenues l'un des desserts préférés de ma famille.

Cette tarte est très facile à faire, les airelles fraîches sont cuites avec du sucre, de la gelée de groseilles et du cognac, jusqu'à ce qu'elles soient tendres, sans être éclatées. On ajoute de la gélatine pour épaissir la garniture avant de la verser dans la croûte de tarte et de mettre le tout au réfrigérateur.

Une grande tarte aux airelles attend nos invités pour le dîner. Les dindons de verre et les verres à pied en verre moulé, emplis de jus d'airelles parfumé à la liqueur, sont du début du siècle.

Tarte aux Airelles

LA RECETTE

Pour une tarte de 25 cm

UNE CROÛTE DE TARTE DE 25 CM EN PÂTE BRISÉE (PAGE 198) OU UNE CROÛTE AUX AMANDES (PAGE 205) DÉJÀ CUITE ET REFROIDIE

2 FEUILLES DE GÉLATINE
1 DL D'EAU FROIDE
1 KILO D'AIRELLES FRAÎCHES
350 À 400 G DE SUCRE (PLUS OU MOINS SELON GOÛT)
2 DL DE GELÉE DE GROSEILLES
2 CUILLERÉES À SOUPE DE COGNAC

1. Faire tremper la gélatine dans un peu d'eau froide dans une petite casserole. La tiédir à peine, pour la fondre.

2. Pour la garniture, mélanger airelles, sucre, gelée et cognac dans une casserole et faire cuire à feu doux 10 minutes. Ne pas cuire trop longtemps pour éviter que le mélange ne devienne trop aqueux, les airelles doivent être souples sans être éclatées. Retirer du feu et laisser tiédir. Incorporer la gélatine et laisser complètement refroidir.

3. Verser la garniture d'airelles dans la croûte de tarte de votre choix et mettre au réfrigérateur pendant au moins 1 heure.

CHAPITRE 5

Tant que mon mari ne m'aura pas construit une orangerie, je devrai me contenter d'acheter des agrumes sur les marchés locaux. J'envie mes amis qui habitent dans le Sud et en Californie d'avoir la chance de pouvoir sortir dans leur jardin pour cueillir un citron pour le thé, un pamplemousse pour le petit déjeuner ou des oranges pour se presser un verre de jus tout frais. Lors d'un récent voyage à Los Angeles, je m'arrêtai, en revenant à l'aéroport, chez mon amie Joan Baeder. Elle se précipita dans son jardin, cueillit une brassée de citrons et les pressa pour me faire un grand pot de citronnade fraîche. Le geste était tout simple mais l'intention me toucha.

Les citrons, les citrons verts, les oranges et autres agrumes comme les limes et les clémentines, font de délicieuses tartes et tourtes. Les clémentines et les limes sont des fruits qui poussent seulement dans certaines régions et on ne les trouve que pendant une courte période chaque année. Mais les gros citrons sans pépins, les citrons verts et la plupart des oranges sont sur le marché toute l'année. Beaucoup des recettes de ce chapitre utilisent non seulement, le jus des fruits mais aussi le zeste râpé ou en lamelles, des morceaux d'écorces confites ou des tranches entières très fines, cuites avec la peau et confites.

J'aime les tartes au citron et au citron vert quand elles ne sont pas trop sucrées. J'ai donc diminué les quantités habituelles de sucre d'environ un tiers. Rien ne vous empêche d'en ajouter un peu si vous préférez plus sucré.

Les Agrumes

Tourte au Citron

Une tourte au citron refroidit sur le buffet de notre nouvelle cuisine. Les bols anciens en faïence jaune contiennent les éléments de la tourte, des œufs, du sucre et des citrons.

Notre maison du Massachusetts est située tout près de Hancock, un village Shaker. Chaque année, pour célébrer la restauration du village, se tient un festival qui dure trois jours. C'est là, à Hancock, que j'ai mangé pour la première fois, une tourte au citron et j'ai adoré sa croûte feuilletée et sa saveur à la fois douce et acidulée.

Pour que cette tourte soit mangeable, il faut absolument que les citrons soient coupés en tranches aussi fines que du papier à cigarette. Sans cela, la peau comme la chair est trop dure et aucune cuisson n'arrive à les attendrir. Cette recette donne une tourte de 28 cm. Pour une tourte de 20 cm, la moitié de la garniture suffit.

Si l'on badigeonne au pinceau le dessus de la tourte avec du blanc d'œuf, cela lui donne une chaude couleur brun doré. Pour bien montrer que la tourte est garnie de tranches de citron, je découpe de longues « fenêtres » dans la croûte du dessus pour que le jaune vif de la garniture apparaisse.

L A R E C E T T E

Pour une tourte de 28 cm

2 CERCLES DE 28 CM DE PÂTE BRISÉE BIEN FROIDE (PAGE 198)

4 GROS CITRONS
800 G DE SUCRE CRISTALLISÉ
9 ŒUFS, BIEN BATTUS

POUR DORER : 2 BLANCS D'ŒUF BATTUS À LA FOURCHETTE

1. Laver deux citrons et les couper en tranches aussi fines que du papier à cigarettes (il est très important de couper les citrons aussi fin que possible, utiliser un couteau très bien aiguisé ou un couteau électrique). Ôter la peau et les pépins des deux citrons restants ; couper la chair en tranches très, très fines et les mettre avec les autres tranches dans une grande jatte. Ajouter le sucre et bien brasser. Couvrir la jatte d'un film plastique et laisser le tout reposer toute la nuit en remuant de temps à autre. Ceci permet à l'amertume du zeste de disparaître.

2. Le lendemain, préchauffer le four à 225°. Foncer un moule à tourte de 28 cm avec l'un des cercles de pâte et mettre au réfrigérateur.

3. Ajouter les œufs battus au contenu de la jatte aux citrons et bien mélanger. Verser le tout dans le moule à tourte foncé de pâte brisée et disposer soigneusement quelques tranches de citron sur le dessus. Dans l'autre rond de pâte, découper de longues fentes de 2 1/2 cm de largeur puis le poser sur la garniture. Pincer les bords de la tourte pour bien les souder. Badigeonner le dessus et les bords avec le blanc d'œuf. Mettre au four 15 minutes. Baisser la température du four à 190° et continuer à cuire 30 minutes, la croûte doit être brun doré et brillante. Laisser refroidir sur une grille avant de servir.

La Tarte au Citron de Donna

Donna a travaillé pendant un an comme « chef » dans notre entreprise de restauration et elle a très souvent confectionné cette tarte au citron. Cuite dans un moule à haut bords, cette tarte est servie « chambrée » et poudrée de sucre glace au dernier moment.

J'aime beaucoup les tartes au citron et quand j'entre dans une nouvelle pâtisserie ou regarde la liste des desserts sur le menu d'un restaurant, je commande invariablement quelque chose au citron. Je me souviens de chacune des tartes dignes de ce nom auxquelles j'ai goûté, la tarte au citron de chez Fauchon à Paris, celle du restaurant Maurice de l'hôtel Méridien de New York et la tarte au soufflé de citron de chez Hubert à New York, font partie de toutes celles qui peuplent mes souvenirs. La tarte de Donna est délicieuse, un mélange subtil de citron acidulé et d'amandes en poudre, le tout dans une crème aux œufs épaisse. La croûte est une pâte brisée fondante.

L A R E C E T T E

Pour 2 tartes de 20 cm ou une tarte à hauts bords de 23 cm

2 FONDS DE PÂTE BRISÉE DE 20 CM OU UN FOND POUR UNE TARTE DE 23 CM À HAUTS BORDS, BIEN FROIDE (PAGE 198)

6 ŒUFS

200 G DE SUCRE CRISTALLISÉ

LE JUS ET LE ZESTE RÂPÉ DE 4 CITRONS

330 G DE BEURRE FONDU ET REFROIDI

60 G D'AMANDES ÉMONDÉES ET ÉMINCÉES

$^1/_2$ CUILLERÉE À CAFÉ D'EXTRAIT D'AMANDES

DU SUCRE GLACE

1. Préchauffer le four à 190°.

2. Mélanger dans une terrine les œufs et 200 g de sucre moins 2 cuillerées à soupe et battre au fouet jusqu'à ce que le mélange soit jaune pâle et forme le ruban. Ajouter le jus de citron, le zeste et le beurre et mélanger intimement.

3. Mettre les amandes, l'extrait d'amandes et les 2 cuillerées à soupe de sucre restant dans un robot et le faire actionner pour réduire les amandes en poudre fine. Ajouter les amandes dans le mélange œufs-sucre ainsi que la vanille, bien mélanger. Verser le tout dans les croûtes et mettre au four environ 30 minutes le dessus de la tarte doit commencer à dorer. Baisser la température du four à 175° et cuire environ 25 minutes de plus, jusqu'à ce que la garniture soit prise. Retirer les tartes du four et les mettre à refroidir sur une grille à pâtisserie, avant de les poudrer de sucre glace et servir.

NOTE : cette tarte est délicieuse, servie avec de la crème fouettée, sucrée avec très peu de sucre cristallisé et aromatisée, si on le désire, de quelques gouttes d'extrait d'amande.

La tarte, joliment dorée et poudrée de sucre glace, est servie dans de la faïence aux couleurs vives « Fiestaware ».

J'aime les tartes au citron de toutes sortes quand elles ont vraiment le goût acidulé du citron frais, qu'elles ne sont pas trop sucrées et sont belles à voir. Nous avons appelé celle-ci tarte damassée, à cause du dessin formé par les rubans d'écorce confite. La croûte de la tarte est en forme de cœur, à hauts bords. La garniture est une mousse au citron très légère, mousseuse et crémeuse qui ne contient pas de jaunes d'œuf, ce qui explique sa couleur presque blanche. La tarte doit être faite plusieurs heures à l'avance, pour que la mousse ait le temps de prendre et que l'on puisse la couper facilement.

Tarte Damassée à la Mousse au Citron

Cette tarte au citron, décorée avec de l'écorce de citron confite, est servie sur un plateau de cuivre en forme de cœur, entourée de feuilles luisantes de citronnier, sur fond de soie damassée.

L A R E C E T T E

Pour une tarte de 18 cm en forme de cœur

UNE CROÛTE DE PÂTE BRISÉE (PAGE 198) EN FORME DE CŒUR, DE 18 CM, DÉJÀ CUITE ET REFROIDIE

1 FEUILLE DE GÉLATINE
1 CUILLERÉE À SOUPE D'EAU FROIDE
1 DL DE JUS DE CITRON FRAIS PRESSÉ
200 G DE SUCRE CRISTALLISÉ
7 BLANCS D'ŒUF
2 DL DE CRÈME FRAÎCHE
LE ZESTE RÂPÉ D'UN CITRON

POUR DÉCORER : ÉCORCE DE CITRON CONFITE (PAGE 101)

1. Faire tremper la gélatine dans l'eau, dans une petite casserole. Ajouter le jus de citron et le sucre et remuer sur feu très doux jusqu'à ce que la gélatine soit complètement fondue. Surtout ne pas laisser bouillir ou laisser trop longtemps sur le feu. Le mélange doit à peine tiédir. Retirer du feu et laisser refroidir au-dessus d'un bol d'eau glacée jusqu'à consistance d'un sirop épais. Le mélange doit être complètement froid avant d'être ajouté aux blancs d'œuf.

2. Battre les blancs en neige jusqu'à ce qu'ils soient très fermes. Tout en continuant à battre, ajouter lentement le mélange de gélatine. Fouetter la crème bien ferme et l'ajouter délicatement au mélange précédent. Faire bien attention à ne pas faire retomber les blancs d'œuf en incorporant les différents ingrédients. Incorporer le zeste de citron en dernier.

3. Étaler la mousse dans la croûte de tarte et mettre au frais pour au moins 4 heures. Décorer avec de l'écorce de citron confite et servir.

Tarte au Lemon Curd

Le lemon curd (crème de citron), avec ses cinq ingrédients de base (dont le jus de citron et le zeste râpé), devrait être la plus facile à réussir des garnitures de tarte. Cependant, la méthode de cuisson et les proportions des ingrédients peuvent varier radicalement d'une recette à l'autre. Le résultat est souvent trop sucré, trop pâteux, trop acide ou sans goût.

Depuis des années, cette recette est l'une de mes préférées. Je fais plusieurs fournées de lemon curd à la suite mais sans jamais doubler les proportions, la crème prenant alors trop de temps à épaissir ; je me contente de suivre exactement la recette ci-contre. Je le conserve ensuite dans des récipients en verre jusqu'à trois semaines. Le lemon curd convient parfaitement pour les tartes et les tartelettes ou pour tartiner des toasts et peut être transformé en mousse par l'adjonction de crème fouettée.

Le lemon curd préparé pour la photographie a été fait en deux fois. Une fois avec les œufs de mes propres poules et l'autre avec des œufs du commerce. Le lemon curd fait avec mes œufs est beaucoup plus épais et d'une couleur et d'une consistance bien supérieures.

Si vous n'avez pas la possibilité d'élever vos propres poules, essayez au moins de trouver des œufs très frais ou des œufs de ferme.

Dans notre porche qui donne sur Long Island Sound, deux tartes au citron attendent d'être servies, sur la table à thé. Les assiettes et les tasses sont en faïence anglaise.

La tarte dont le lemon curd est d'un jaune plus foncé a été faite avec les œufs de mes propres poules.

L A R E C E T T E

Pour une tarte de 19 cm ou 4 tartelettes de 10 cm

UNE CROÛTE DE TARTE DE 19 CM EN PÂTE BRISÉE (PAGE 198) OU 4 CROÛTES DE TARTELETTES DE 10 CM EN PÂTE SUCRÉE (PAGE 202), DÉJÀ CUITES ET REFROIDIES

6 JAUNES D'ŒUF BATTUS

200 G DE SUCRE CRISTALLISÉ

1 DL DE JUS DE CITRON FRAIS PRESSÉ

110 G DE BEURRE COUPÉ EN PETITS MORCEAUX

1 CUILLERÉE DE ZESTE RÂPÉ DE CITRON

1. Pour le lemon curd : passer les jaunes d'œufs battus à travers une passoire dans une casserole moyenne à fond épais. Ajouter le sucre et le jus de citron, mélanger et cuire à feu très doux, en remuant sans arrêt pendant 10 à 12 minutes, jusqu'à ce que le mélange épaississe et nappe la cuiller en bois. Retirer du feu et laisser tiédir en remuant. Incorporer le beurre, morceau par morceau. Ajouter le zeste. Laisser refroidir complètement.

2. Quand il est froid, verser le lemon curd dans la ou les croûtes de tarte et mettre au réfrigérateur jusqu'à ce qu'il soit pris.

VARIANTES : on peut faire le même genre de crème avec tous les agrumes. Pour le curd au citron vert, remplacer le jus de citron par du jus de citron vert frais pressé et porter le zeste râpé à 2 cuillerées à café. Pour le curd à l'orange, prenez le zeste râpé de deux grosses oranges et ramener le sucre à 130 g.

Tarte et Tartelettes à la Crème d'Agrumes

On peut poser différents fruits sur les tartelettes à la crème d'agrumes. Ici, elles sont décorées de graines de grenade, de kakis et de zeste d'agrumes. Les tartelettes sont servies sur des soucoupes de mon service de porcelaine bavaroise.

En modifiant la recette de base du lemon curd de la page 95, vous pouvez faire des crèmes au citron vert ou à l'orange qui sont tout aussi bonnes pour garnir des petites tartes ou des tartelettes en pâte sucrée.

L'été dernier, nous avons organisé un dîner style mexicano-américain, cailles et côtes grillées, poulet laqué au poivre rouge, épis de maïs cuits avec du piment et du citron vert, pains de maïs et entrecôtes. Pour le dessert nous avons choisi de servir des tartes à la crème d'agrumes, citrus curd; elles sont riches sans être lourdes, à la fois sucrées et acidulées et chaque variante a sa saveur propre. Pour accentuer les parfums, nous avons décoré les tartes au citron avec une tranche fine de citron en forme de S, les tartes à l'orange avec de l'écorce d'orange confite et les tartes au citron vert avec des tranches de citron vert confites.

Tartes à la crème de citron, d'orange et de citron vert, servies sur les assiettes « Fiestaware » de ma fille Alexis.

Chaque année, de décembre à février, j'achète des cageots de clémentines. Ces petits fruits proches de la mandarine viennent le plus souvent d'Israël ou d'Espagne. Leur peau est fine et ils sont d'un bel orange vif, on les trouve souvent avec leurs feuilles et leurs tiges intactes. Les clémentines n'ont généralement pas de pépins et sont extrêmement juteuses et parfumées. Coupées en tranches fines et cuites dans un sirop de sucre elles prennent un goût de fruits confits. Posées sur un fond de crème aux œufs, les tranches de clémentines confites vont acquérir, après cuisson au four, une chaude teinte orange sombre et ajouter une saveur particulière à la tarte. Si elles sont placées avec précaution sur la crème, elles ne doivent pas s'enfoncer mais rester bien sur le dessus.

Des tranches de clémentines confites décorent une tarte servie sur un plat de porcelaine orientale décorée du début du XIXe siècle. Sur la table, un « obi », ceinture de kimono japonais.

Tarte aux Clémentines Confites

L A R E C E T T E

Pour une tarte de 22 cm

1 CROÛTE DE PÂTE BRISÉE DE 22 CM (PAGE 198), DÉJÀ CUITE À DEMI ET REFROIDIE

4 ŒUFS LÉGÈREMENT BATTUS
200 G DE SUCRE CRISTALLISÉ
1 DL 1/2 DE JUS DE CITRON FRAIS
6 CUILLERÉES À SOUPE DE JUS D'ORANGE FRAIS
LE ZESTE D'UN CITRON ET D'UNE GROSSE ORANGE
4 CUILLERÉES À SOUPE DE CRÈME FRAÎCHE
TRANCHES DE CLÉMENTINES CONFITES (PAGE 100)

1. Préchauffer le four à 190°.

2. Pour faire la garniture, mettre dans une jatte, œufs, sucre, jus d'orange et de citron, zestes et crème fraîche et bien mélanger au fouet pendant environ une minute, jusqu'à obtention d'une crème lisse. Verser le mélange dans le fond de tarte déjà cuit à demi. Placer avec précaution les tranches de clémentines confites sur la crème, en couronne autour de la tarte, se touchant sans se chevaucher. Cuire au four 25 à 30 minutes, la crème doit être prise et le dessus de la tarte doré, ainsi que les clémentines. Laisser refroidir avant de servir.

Tranches d'Agrumes Confites

Avec un couteau-zesteur ou un couteau-économe, on peut découper dans l'écorce des citrons, oranges ou clémentines, des longs rubans que l'on cuit ensuite dans un sirop de sucre jusqu'à ce qu'ils soient confits et transparents. On peut également faire cuire de la même façon des tranches fines afin de les confire. Les rubans d'écorces ou les tranches doivent être retirés du sirop bouillant avec précaution, à l'aide d'une fouchette ou d'une écumoire et refroidis sur un papier sulfurisé, jusqu'au moment où ils commencent à durcir et sécher. On peut ensuite les passer dans le sucre cristallisé pour les rendre plus croustillants. Pour les garder, les mettre dans des récipients hermétiquement clos et au congélateur.

1. Couper les agrumes (quels qu'ils soient, citrons, citrons verts, oranges, clémentines, mandarines, etc.) en tranches aussi fines que du papier à cigarettes, elles doivent être presque transparentes (un couteau à pain en dents de scie bien affuté est ce qu'il y a de plus pratique). Retirer tous les pépins et couper les deux extrémités des fruits. Les tranches doivent être d'égale épaisseur et à peu près du même diamètre.

2. Dans un poêlon à fond épais ou une sauteuse, mélanger 400 g de sucre cristallisé et 2 dl d'eau et porter à franche ébullition. Ne pas remuer le sirop qui pourrait se troubler mais agiter la queue du poêlon pour faire dissoudre le sucre. Baisser le feu lorsque le sirop est devenu transparent et laisser frémir. Ajouter alors les tranches d'agrumes sur une seule couche. Cuire de 20 à 40 minutes, le sirop doit à peine frémir. Attention à ne pas faire bouillir, pour que la pulpe ne se sépare pas de l'écorce et ne se délite pas.

3. Lorsque les tranches de fruit sont cuites et bien tendres, les retirer très délicatement du sirop avec une écumoire ou une spatule et les poser sur une tôle recouverte de papier sulfurisé pour les laisser refroidir.

VARIANTES : ajouter 2 cuillerées de Grand Marnier, Cointreau ou Triple Sec au sirop de cuisson.

Écorces d'Agrumes Confites

1. Avec un couteau économe ou un couteau bien aiguisé, retirer le zeste des agrumes. Attention à ne retirer que la partie colorée sans toucher à la peau blanche qui est amère.

2. Dans une petite casserole à fond épais, mettre 400 g de sucre cristallisé et 4 cuillerées à soupe d'eau. Porter à ébullition lente, baisser le feu jusqu'à simple frémissement, ajouter les écorces d'agrumes et cuire environ 40 minutes. Laisser refroidir puis retirer les écorces du sirop. Laisser durcir sur papier sulfurisé ou sur du papier d'aluminium.

3. Les écorces d'agrumes confites peuvent se garder indéfiniment au congélateur dans un récipient hermétiquement clos.

VARIANTE : 2 cuillerées à soupe de liqueur à l'orange (Cointreau, Grand Marnier ou Triple Sec) peuvent être ajoutées au sirop, une fois retiré du feu.

Tarte meringuée au citron lime (à gauche) *et tarte au citron lime* (à droite).

Je suis toujours en quête de la meilleure tarte au citron lime et si j'en trouve sur un menu, je l'essaye à coup sûr. C'est aussi le dessert favori de ma cousine Connie Kostyra qui habite à Miami et il se passe rarement plus d'un mois sans qu'elle m'envoie une ou deux nouvelles recettes.

Le principal ingrédient de cette tarte est le petit citron lime qui pousse sur la côte de Floride. Cette variété de citron se trouve aussi au Mexique et dans le Sud-Ouest. Son goût et son parfum légers et délicats sont bien différents de ceux du citron vert foncé ordinaire que l'on achète dans les supermarchés. Les deux recettes ci-contre peuvent être faites avec des citrons verts mais les tartes auront un goût plus acidulé.

La tarte meringuée au citron lime est en pâte brisée et la garniture contient du lait concentré sucré, considéré par beaucoup comme un élément essentiel de la vraie tarte au citron lime. La croûte de l'autre tarte au citron lime est faite avec des biscuits écrasés et ressemble beaucoup à l'une de mes tartes préférées, que l'on sert au restaurant Stone Crab chez Joe, à Miami Beach mais hélas, aucune cajolerie n'a pu inciter Joe à me révéler le secret de sa tarte.

Tarte Meringuée au Citron Lime

LA RECETTE

Pour une tarte de 20 cm

1 CROÛTE DE TARTE DE 20 CM EN PÂTE BRISÉE (PAGE 198) DÉJÀ CUITE ET REFROIDIE

1 BOÎTE DE LAIT CONCENTRÉ SUCRÉ (400 G)

4 JAUNES D'ŒUF

CITRON LIME : 1 DL DE JUS FRAIS ET 1 CUILLÈRE À SOUPE 1/2 DE ZESTE RÂPÉ

1 BLANC D'ŒUF EN NEIGE FERME

1 PINCÉE DE SEL

5 BLANCS D'ŒUF

6 À 8 CUILLERÉES À SOUPE DE SUCRE CRISTALLISÉ

1. Préchauffer le four à 190°.

2. Dans une jatte, mélanger le lait concentré sucré, les jaunes d'œuf, le jus et le zeste de citron lime. Incorporer délicatement le blanc battu en neige. Verser dans la croûte de tarte.

3. Pour la meringue, battre les blancs d'œuf en neige en leur ajoutant une pincée de sel. Tout en continuant à fouetter, ajouter peu à peu le sucre. Fouetter 7 à 8 minutes pour que les blancs soient très fermes. Étaler la meringue sur la garniture, en la couvrant complètement jusqu'au pourtour. Cuire environ 8 à 10 minutes, la meringue doit être dorée. Servir à température de la pièce, sans mettre au réfrigérateur.

Tarte au Citron Lime

LA RECETTE

Pour une tarte de 20 cm

CROÛTE DE TARTE AUX PETITS-BEURRE

70 G DE PETITS-BEURRE ÉCRASÉS ET EN MIETTES

75 G DE BEURRE FONDU ET REFROIDI

3 CUILLERÉES À SOUPE DE SUCRE CRISTALLISÉ

1 PINCÉE DE SEL

4 JAUNES D'ŒUF LÉGÈREMENT BATTUS

100 G DE SUCRE CRISTALLISÉ

6 CUILLERÉES À SOUPE DE JUS DE CITRON LIME FRAIS PRESSÉ

2 CUILLERÉES À CAFÉ 1/4 DE ZESTE DE CITRON VERT RÂPÉ

4 DL 1/2 DE CRÈME FRAÎCHE

1. Préchauffer le four à 190°. Bien mélanger tous les ingrédients de la croûte. Presser la pâte obtenue dans un moule à tarte beurré de 20 cm et cuire au four environ 15 minutes, la croûte doit être légèrement dorée. Laisser refroidir sur une grille à pâtisserie.

2. Mettre dans une casserole au bain-marie, les jaunes d'œuf, le sucre et le jus de citron lime. Cuire sur feu doux environ 10 minutes, en remuant jusqu'à ce que le mélange nappe la cuillère en bois. Retirer du feu et incorporer le zeste de citron. Mettre au réfrigérateur pour faire épaissir mais ne pas laisser durcir.

3. Fouetter 3 dl de crème et l'incorporer dans la garniture au citron. Répartir dans la croûte de tarte et mettre au réfrigérateur, couvert, pendant 24 heures. Pour servir, fouetter le reste de la crème et décorer le dessus de la tarte à la poche à douille.

CHAPITRE 6

Les tartes et tourtes de ce chapitre, faites avec des fruits moins courants, tels que les figues, la rhubarbe, les cerises aigres, les raisins muscats, les papayes, les kiwis et les kakis, comptent parmi mes préférées et je ne pouvais envisager un livre sur les tartes sans les y inclure.

Les tourtes et tartes aux raisins muscats, cerises aigres et rhubarbe sont des desserts à l'ancienne qui disparaissent à peine servis. Elles sont assez typiquement américaines. La rhubarbe est délicatement relevée de quelques épices, de cardamome, de muscade et d'orange et les cerises d'un peu de citron. Je n'ajoute rien à la tarte aux raisins, la saveur à la fois sucrée et acidulée du muscat se suffisant à elle-même.

J'utilise pour ces tartes et tartelettes, une fine pâte brisée, une pâte feuilletée ou même une croûte aux amandes ou aux noix. Les garnitures à la crème de citron ou autres agrumes, la crème pâtissière et les nappages à la gelée rehaussent les saveurs et font briller les tartes.

On peut remplacer les fruits difficiles à trouver ou de courte saison par d'autres ou par des petits fruits, mais rappelez-vous qu'ils doivent être toujours parfaits, mûrs à point et bien sucrés. Ces tourtes et ces tartes ressemblent à des vitrines d'exposition, seule la perfection leur convient.

Autres Fruits

Une croûte aux fruits secs (noix, amandes, etc.) peut très bien remplacer la pâte brisée, elle est particulièrement facile à faire avec un robot. Il n'est pas nécessaire de l'étaler, il suffit de presser la pâte avec les doigts, dans le moule à tarte, puis de la cuire au four et enfin de la remplir avec des fruits ou des petits fruits. Ce genre de tarte se laisse couper facilement sans que la croûte s'effrite. Cette tarte aux figues fraîches est faite avec une croûte aux noix mais est tout aussi délicieuse avec une croûte aux amandes, aux noisettes, aux noix de pécan ou aux noix de macadamia*. Pour ces tartes, nous utilisons la petite figue verte et une variété violet foncé, un peu plus grosse (Céleste).

* Les noix de macadamia se trouvent dans les épiceries fines.

Ces croûtes aux noix à hauts bords, contenant une garniture de figues vertes et violettes, sont posées sur une grille à pâtisserie ancienne, en face de notre grange.

Tarte aux Figues dans des Croûtes aux Noix

L A R E C E T T E

Pour une tarte à hauts bords de 22 cm

UNE CROÛTE AUX NOIX À HAUTS BORDS DE 22 CM, DÉJÀ CUITE ET REFROIDIE (PAGE 205)

40 G DE BEURRE

2 CUILLERÉES À SOUPE DE SUCRE CRISTALLISÉ

12 À 16 FIGUES FRAÎCHES (VERTES OU VIOLETTES) SANS DÉFAUTS, FERMES MAIS BIEN MÛRES

POUR NAPPER : 1 DL DE MIEL LIQUIDE, LE JUS D'UN DEMI-CITRON

GARNITURE : 2 CUILLERÉES À SOUPE DE DEMI-CERNEAUX DE NOIX SAUTÉES DANS 15 G DE BEURRE

$^1/_4$ DE CUILLERÉE À CAFÉ DE POIVRE NOIR, GROSSIÈREMENT MOULU

1. Préchauffer le four à 200°. Avec 10 g de beurre, beurrer un plat allant au four, peu profond mais assez grand pour contenir toutes les figues. Placer les figues dans le moule, saupoudrer de sucre et mettre au four 8 à 12 minutes, jusqu'à ce que les fruits soient tendres. Laisser refroidir.

2. Pour faire le nappage, mélanger miel liquide et jus de citron dans une casserole épaisse. Amener à ébullition et cuire environ 2 à 3 minutes, le mélange doit épaissir. Incorporer les 30 g de beurre restants et continuer à cuire jusqu'à ce que le mélange soit très épais et caramélisé. Garder au chaud sur une casserole d'eau bouillante.

3. Pour faire la tarte, poser les figues refroidies, queues vers le haut, dans la croûte de tarte. Répartir le glaçage sur le dessus et garnir avec les noix sautées. Saupoudrer de poivre. Servir à la température de la pièce.

À droite : *la tarte non nappée.*
Ci-dessous : *le nappage à l'abricot fait briller la tarte.*

Lorsqu'elle travaillait dans notre entreprise de restauration, Jane Stacey confectionna bien souvent cette tarte pour des dîners et des buffets de tartes. J'ai toujours aimé les papayes, un fruit tropical étrange qui pousse de curieuse façon. Verdâtre et bulbeux, il devient, une fois mûr, d'un beau jaune d'or et se cueille directement sur le tronc de l'arbre. Les feuilles du papayer s'étalent juste au-dessus du fruit comme un parapluie, pour le protéger du soleil. Si vous habitez sous un climat propice vous devriez essayer d'en cultiver, un seul arbre donnant assez de fruits pour une famille, pendant presque toute l'année.

Les meilleures papayes sont celles qui mûrissent sur l'arbre mais comme la plupart arrivent vertes sur les marchés, il est indispensable de les laisser mûrir dans la cuisine jusqu'à ce qu'elles soient parfumées, souples et dorées.

Ne pas remplir cette tarte plus de deux heures avant de servir. Les papayes ont tendance à se séparer et à devenir un peu aqueuses si on les coupe trop longtemps à l'avance.

L A R E C E T T E

Pour une tarte de 29 cm

UNE CROÛTE EN PÂTE BRISÉE DE 29 CM (PAGE 198), DÉJÀ CUITE ET REFROIDIE

3 OU 4 GROSSES PAPAYES BIEN MÛRES ET SANS DÉFAUTS

2 DL DE CRÈME PÂTISSIÈRE (PAGE 63)

2 DL DE NAPPAGE À L'ABRICOT, CHAUD (PAGE 211)

1. Peler les papayes avec un couteau-économe, les couper en deux, ôter les graines noires et détailler le fruit dans la longueur en lamelles de 3 mm, avec un couteau bien aiguisé.
2. Étaler la crème pâtissière dans la croûte de tarte. Disposer soigneusement dessus les lamelles de papaye en rangées se chevauchant et en couvrant complètement la crème. Passer le nappage à l'abricot au pinceau. Laisser refroidir avant de servir.

La Tarte aux Raisins Muscats de Jane

Il y a quelque temps, nous avons été priés de préparer un repas pour le roi et la reine de Suède qui étaient à New York, en visite officielle. Il fallait composer un menu reflétant la nouvelle cuisine américaine, en n'utilisant si possible, que des produits américains. Je proposai comme dessert, une tarte aux raisins muscats de Concord, à mon avis typiquement américaine et cependant originale.

Il nous fallut neuf heures au total, à quatre personnes, pour épépiner le raisin muscat, tâche plutôt monotone. Chaque grain était partagé en deux et les pépins retirés avec les ongles ou la pointe d'un couteau. Une fois le raisin épépiné, confectionner les tartes n'offrait pas de difficulté.

Le couple royal apprécia beaucoup la tarte au muscat. Mais lorsque la reine Silvia nous remercia d'un sourire, je me rendis compte que ses dents étaient assorties au bleu pervenche de sa robe et de son chapeau ! Je me promis alors, de ne servir cette tarte spectaculaire que le soir, à la lumière des bougies.

Cette tarte au bord tuyauté est décorée d'une grappe de raisin en pâte brisée, avec ses vrilles et ses feuilles.

L A R E C E T T E

Pour une tarte de 20 cm

UN CERCLE DE PÂTE BRISÉE DE 28 CM (PAGE 198) BIEN FROIDE

3 LIVRES DE RAISIN MUSCAT
200 G DE SUCRE CRISTALLISÉ
75 G DE MAÏZENA

POUR DORER : 1 ŒUF BATTU AVEC 1 CUILLERÉE À SOUPE DE CRÈME

1. Préchauffer le four à 200°. Appliquer le cercle de pâte dans une tourtière de 20 cm. Couper la pâte qui dépasse et pincer le bord. Mettre au réfrigérateur. Étaler les restes de pâte et avec un couteau pointu, découper une grappe de raisin et des feuilles séparées. Marquer la forme des grains de raisin et les nervures des feuilles avec le dos de la lame. Placer sur du papier sulfurisé et mettre au réfrigérateur.

2. Laver, couper en deux et épépiner les raisins, conserver le jus produit. Passer ce jus et mesurer 1 dl 1/2.

3. Dans une casserole moyenne, mélanger le jus de raisin, le sucre et la maïzena. Porter à ébullition et cuire 2 à 3 minutes, tout en remuant sans arrêt. Retirer du feu, ajouter les raisins et laisser refroidir.

4. Quand la garniture aux raisins est complètement refroidie, la verser dans la croûte de tarte. Poser la grappe de pâte sur le dessus de la garniture et disposer les feuilles autour. On peut aussi faire des « vrilles », en tordant une longue bandelette de pâte et en les plaçant en haut de la grappe. Dorer au pinceau, avec le mélange œuf + crème, les bords de la tarte et la décoration de pâte. Mettre au four et cuire environ 40 minutes, le jus du raisin doit épaissir et bouillonner au centre de la tarte. Laisser refroidir avant de servir.

6

Un service japonais vert céladon pour ces tartes aux raisins et le thé qui les accompagne. Des énormes choux d'ornement en fleur font une décoration de table originale.

Pour ces tartes, nous avons utilisé trois variétés différentes de raisins et trois glaçages. Le raisin blanc sans pépins, est nappé de gelée de pommes, le muscat de Saumur, de gelée de coings et le muscat de Hambourg avec de la gelée de groseilles. Les raisins qui ont des pépins doivent être épépinés. Le nappage n'ajoute pas seulement du brillant aux tartes garnies de fruits mais rehausse leur saveur.

Tarte aux Raisins dans une Croûte aux Amandes

L A R E C E T T E

Pour une tarte de 19 cm

UNE CROÛTE AUX AMANDES (PAGE 205) DE 19 CM, DÉJÀ CUITE ET REFROIDIE

1 LIVRE 1/2 DE RAISIN BLANC OU NOIR SANS PÉPINS

2 DL DE GLAÇAGE AU COING, À LA GROSEILLE OU À LA POMME (PAGE 211)

1. Laver les raisins, les partager en deux. S'ils ont des pépins, les épépiner. Les disposer, côté bombé vers le haut, en cercles concentriques, sur la croûte aux amandes. Placer délicatement une seconde couche de raisins sur la première. Napper délicatement avec de la gelée. Mettre au réfrigérateur au moins une 1 avant de servir.

NOTE : le glaçage et les raisins marient leur couleur : gelée de pommes pour le raisin blanc, gelée de coings pour le raisin violet, gelée de groseilles pour le raisin noir.

Chaque été au mois de juin, nous cueillons des quantités de cerises aigres. Nous essayons d'arriver avant les oiseaux et nous avons même installé des filets pour protéger les fruits. Nos quatre cerisiers Montmorency nous donnent largement assez de cerises, que ce soit pour les manger directement, les mettre au congélateur ou faire de la gelée, celle que je préfère pour napper les tartes aux fruits.

Mon frère Georges est né le 22 février et son gâteau d'anniversaire a toujours été une tourte aux cerises aigres. Je crois que si j'ai planté ces cerisiers, c'est uniquement pour ne jamais manquer, au mois de février, de cerises aigres dénoyautées, dans le congélateur. Nous les dénoyautons aussitôt cueillies et aucun dénoyauteur n'est plus efficace que nos doigts, puis nous les mettons aussitôt à congeler, dans des sacs en plastique d'environ un litre. Plus les diverses opérations de cueillette, dénoyautage et congélation sont rapides, moins les cerises ont tendance à noircir ou à s'abîmer. Je ne mets jamais de sucre avec les cerises dénoyautées mais les congèle telles quelles, avec leur jus. Pour les utiliser lorsqu'elles sont surgelées, je les laisse dégeler dans le réfrigérateur toute la nuit ou simplement à la température de la pièce, dans leur sac en plastique.

Cette tourte a cuit dans une grande tourtière en faïence, créée par la sœur de mon mari, Diane Love. Le quadrillage et les feuilles en pâte sont découpés avec une roulette à pâtisserie.

Tourte aux Cerises Aigres

L A R E C E T T E

Pour une tourte de 38 cm

UN FOND DE PÂTE BRISÉE DE 38 CM AINSI QUE DE LA PÂTE EN PLUS POUR LE QUADRILLAGE ET LES FEUILLES, LE TOUT BIEN FROID (LA RECETTE DE LA PAGE 198 DEVRA ÊTRE DOUBLÉE)

1,2 KILO DE CERISES AIGRES DÉNOYAUTÉES PLUS 2 DL DE JUS RÉSERVÉ

400 G DE SUCRE CRISTALLISÉ (PLUS OU MOINS SELON GOÛT)

2 CUILLERÉES À SOUPE DE FARINE

5 CUILLERÉES À SOUPE DE MAÏZENA

LE JUS ET LE ZESTE RÂPÉ D'UN GROS CITRON

60 G DE BEURRE FERME, COUPÉ EN PETITS MORCEAUX

POUR DORER : 1 ŒUF BATTU AVEC 2 CUILLERÉES À SOUPE DE CRÈME FRAÎCHE

1. Préchauffer le four à 200°.

2. Mettre les cerises aigres et le jus dans une jatte, ajouter le sucre, la farine, la maïzena, le jus et le zeste de citron. Bien remuer et verser dans le fond de tarte. Parsemer de beurre et tisser le quadrillage sur la garniture. Napper le dessus et le bord de la tourte avec le mélange œuf + crème et mettre au four environ 1 heure 1/4, la pâte doit être dorée et le jus dans le milieu de la tourte doit bouillonner. Laisser un peu refroidir avant de couper.

NOTE : on peut diviser par deux les proportions pour la garniture, ce qui donne une tourte de 23 cm. Réduire alors le temps de cuisson à environ 50 minutes.

Mon mari Andy et moi, nous avons passé récemment des vacances à Hawaï. Un jour que nous explorions les vallées cachées de l'île, nous avons découvert celle de Waipio, peu connue et presque inhabitée. Notre randonnée d'une journée dans cette vallée enchantée nous mena à un verger abandonné. On nous avait dit que s'y trouvaient toutes les variétés de fruits tropicaux et ce jour-là, nous avons vraiment su ce qu'était le plaisir de déguster le fruit mûri sur l'arbre ; fruits d'une telle perfection et pour tant de variétés que jamais depuis, nous n'en avons rencontré de pareils.

Des nèfles du Japon jaune orangé, des pamplemousses japonais géants, des papayes, des anones, des mangues, des cachimans, des fruits d'arbre à pain, s'y trouvaient parmi d'autres. Les plus délicieux, à mon goût, étaient les kakis, arrivés à parfaite maturité, venant tout juste de se détacher de l'arbre. Jamais, je n'ai trouvé sur les marchés, des kakis aussi bons que ceux de Waipio, mais si vous cherchez bien, vous pouvez acheter dans le commerce des fruits tout à fait corrects que vous laisserez mûrir dans votre cuisine. Lorsqu'il est arrivé à maturité le kaki a perdu le goût désagréable, astringent et trop acide du fruit insuffisamment mûr. La chair est souple mais encore ferme, la peau peut se manger entièrement et la couleur est rouge orangé sombre.

Une crème au citron allégée de crème fouettée, garnit ces tartelettes en pâte feuilletée, surmontées de tranches de kaki.

Tartelettes aux Kakis et à la Crème au Citron

L A R E C E T T E

Pour 4 tartelettes de 10 cm

450 G DE PÂTE FEUILLETÉE (PAGE 206) BIEN FROIDE

4 CUILLERÉES À SOUPE DE CRÈME FRAÎCHE

1 DL DE CRÈME DE CITRON (LEMON CURD) (PAGE 95)

2 KAKIS SANS DÉFAUTS ET BIEN MÛRS, COUPÉS DANS LA HAUTEUR, EN TRANCHES DE 3 MM D'ÉPAISSEUR

1. Étaler la pâte feuilletée sur une épaisseur de 3 mm. À l'aide d'un découpe-pâte ou d'un moule à tartelette de 10 cm, découper 8 cercles de pâte. Puis avec un moule ou un découpe-pâte de 8 $^{1}/_{2}$ cm, découper 4 cercles plus petits, en positionnant le découpe-pâte de façon à obtenir un anneau de pâte bien régulier. Avec un peu d'eau, coller ces anneaux de pâte sur les ronds de 10 cm, de manière à former un rebord. Poser les fonds de tartelettes sur une tôle mouillée ou recouverte d'un papier sulfurisé et mettre au réfrigérateur au moins 30 minutes.

2. Préchauffer le four à 200°. Piquer le fond de chaque tartelette à la fourchette, recouvrir de papier d'aluminium et parsemer de noyaux, comme il est expliqué page 208. Cuire au four environ 10 à 15 minutes, les tartelettes doivent être gonflées et dorées. Laisser refroidir complètement sur une grille avant de les garnir.

3. Fouetter la crème fraîche et l'incorporer délicatement à la crème de citron. Poser une cuillerée à soupe du mélange dans chaque croûte de tartelette et garnir d'une ou deux tranches de kaki. Servir immédiatement.

VARIANTE : on peut remplacer la crème de citron par de la pulpe de kaki hachée, en lui incorporant la crème fouettée et en procédant comme ci-dessus.

Cette tourte à la rhubarbe au quadrillage fait avec des larges bandes de pâte découpées à la roulette à pâtisserie, rappelle un plaid écossais.

Voici une tourte absolument délicieuse qui se révèle être un excellent moyen d'utiliser les surplus de rhubarbe du jardin. Ma variété préférée de rhubarbe est la Valentine, la plus rouge et la plus sucrée.

La cardamome, la muscade, le jus et le zeste d'orange parfument l'acidité naturelle de la rhubarbe. On se laisse facilement aller à croquer plusieurs parts de cette délicieuse tourte !

Tourte Écossaise à la Rhubarbe

L A R E C E T T E

Pour une tourte de 30 cm

2 RONDS DE 33 CM EN PÂTE BRISÉE (PAGE 198) BIEN FROIDE

1,2 KILO DE RHUBARBE FRAÎCHE COUPÉE EN PETITS MORCEAUX OU BIEN LA MÊME QUANTITÉ DE RHUBARBE SURGELÉE ET DÉCONGELÉE

200 G DE SUCRE CRISTALLISÉ (PLUS OU MOINS SELON GOÛT)

50 G DE FARINE

1 PETITE CUILLERÉE À SOUPE DE CARDAMOME EN POUDRE

1 CUILLERÉE À CAFÉ DE MUSCADE FRAÎCHEMENT RÂPÉE

LE JUS ET LE ZESTE D'UNE ORANGE

1. Préchauffer le four à 190°. Disposer un des ronds de pâte dans une tourtière de 30 cm, en laissant dépasser la pâte en excès. Mettre au réfrigérateur. Avec une roulette à pâtisserie, découper dans le deuxième rond de pâte, un maximum de bandelettes de 8 à 10 cm de large, pour le dessus quadrillé. Placer sur une tôle mouillée ou recouverte d'un papier sulfurisé et mettre au réfrigérateur au moins 30 minutes.

2. Mettre la rhubarbe dans une grande jatte. Mélanger le reste des ingrédients dans une autre jatte et verser ce mélange sur la rhubarbe en remuant bien. Verser le tout dans la croûte de tarte. Tisser les bandelettes de pâte sur la garniture et fixer les extrémités en les collant sur le bord de la tarte avec de l'eau. Replier la pâte en excès pour former un bord que l'on pince selon une des méthodes expliquées page 204. Cuire au four environ 50 minutes, jusqu'à ce que la garniture bouillonne et ait épaissi. Laisser refroidir avant de servir.

NOTE : si vous utilisez de la rhubarbe surgelée, assurez-vous qu'elle est complètement décongelée et bien égouttée.

Feu d'Artifice aux Kiwis

J'aime beaucoup ce drôle de petit fruit de Nouvelle-Zélande. Sa peau poilue enferme une chair verte, sucrée et acidulée, dont le goût rappelle celui du citron vert, de la pomme et de la framboise tout ensemble. Des tranches de kiwis parfaitement mûrs et sans défauts, font de très jolies garnitures de tarte. J'ai appelé cette création « Feu d'artifice aux kiwis » tant est spectaculaire cette tarte dont le vert vif éclate au milieu d'une couronne de roses roses en pleine gloire.

Le kiwi doit être pelé avec un couteau bien aiguisé ou un couteau-économe. On peut le couper en long, comme dans l'illustration, ou en travers ou encore en quartiers ou en huit. Les petites graines noires sont tout à fait comestibles et rendent le fruit plus joli.

Des tranches de kiwis sont disposées sur le dessus d'une garniture de crème pâtissière et nappées de gelée de cerises aigres. Les roses sont des Queen Elizabeth, le plus ancien rosier de notre jardin.

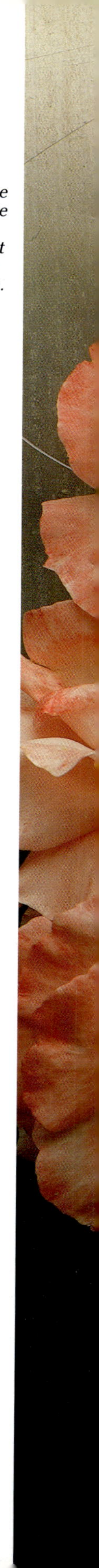

L A R E C E T T E

Pour une tarte de 19 cm

UNE CROÛTE EN PÂTE BRISÉE DE 19 CM (PAGE 198) DÉJÀ CUITE ET REFROIDIE

6 CUILLERÉES À SOUPE DE CRÈME PÂTISSIÈRE (PAGE 63)

5 KIWIS FERMES MAIS BIEN MÛRS, PELÉS ET COUPÉS EN LONG EN TRANCHES FINES

POUR NAPPER : 6 CUILLERÉES À SOUPE DE GELÉE DE CERISES AIGRES, FONDUE ET PASSÉE

Répartir également la crème pâtissière sur le fond de la croûte de tarte. Disposer les tranches de kiwis sur le dessus, en rangées se chevauchant. Passer la gelée fondue au pinceau sur le dessus. Laisser refroidir avant de servir.

CHAPITRE 7

Pour peu que vous laissiez aller votre imagination et ne soyez pas avare de sucre et d'épices, presque tous les légumes peuvent servir de garniture pour des tartes sucrées. Beaucoup de civilisations différentes utilisent les légumes pour des desserts sucrés. Les recettes de ce chapitre sont parmi mes préférées. Elles ne sont ni trop compliquées ni trop difficiles à faire mais elles réclament des ingrédients frais dont certains doivent être préparés et cuits à l'avance, vous devrez donc vous organiser en conséquence.

Toutes les variétés de courges sont bonnes pour les garnitures de tarte, la courge-gland, la courge cendrée, la Hubbard et la Turban Turc, et il est facile de varier les saveurs en ajoutant des épices diverses et en les sucrant différemment : miel, mélasse, sucre brun ou blanc et cannelle, macis, muscade, gingembre ou quatre-épices. Les patates douces, les tomates vertes, les betteraves, les épinards, les carottes et les panais font aussi d'excellentes garnitures. Nous cultivons chacun des légumes utilisés dans ces tartes, excepté les patates douces qui ne semblent pas très bien pousser dans le Connecticut. Nous avons des potirons doux pour leur chair si sucrée et des grosses betteraves rouges qui sont cuites au four, enveloppées dans du papier d'aluminium et ensuite pelées avant d'être utilisées. Les carottes et les panais sont meilleurs en automne et en hiver, après que les gelées les aient adoucis.

Plusieurs de ces tartes, faites en tartelettes, pourraient très bien servir comme garnitures des viandes rôties. La tourte à la betterave serait parfaite avec un rôti de porc et celle aux carottes-panais irait bien avec du veau. (Si vous voulez servir une tourte sucrée comme légume, n'oubliez pas de réduire la quantité de sucre de un tiers à la moitié, d'augmenter le sel et d'ajouter du poivre.)

Les Légumes

La Tarte aux Patates Douces d'Alexis

J'ai appris à aimer la tourte aux patates douces, lors de ma toute première visite chez Sylvia, l'un des célèbres restaurants de Harlem. Et maintenant, quand je vais dans le Sud ou que je rends visite à des amis originaires de cette région, je réclame souvent cette tarte. Le chef Paul Prudhomme fait une délicieuse tarte aux patates douces et aux noix de pécan et celle de l'hôtel Belle Meade à Nashville est aussi très bonne.

La recette de ma fille Alexis est celle que j'utilise chez moi, chaque fois que je trouve des patates douces bien en chair et sans défauts. Ce n'est qu'après avoir beaucoup essayé et goûté que nous avons mis au point cette recette. Alexis aime beaucoup la tarte de chez Sylvia mais la préfère moins sucrée. Et elle ne tient pas aux noix de pécan, qui, pense-t-elle, empêchent d'apprécier la finesse du goût de la patate douce.

Une bonne tarte aux patates douces doit être compacte mais pas trop lourde, ni écœurante ou avoir un goût de patate douce confite ou d'igname caoutchouteux. Les légumes sont cuits à l'eau ou au four pour qu'ils soient tendres, puis pelés et écrasés à la fourchette afin que la garniture ait du corps sans être fine et lisse comme celle de la tarte au potiron ou à la courge.

L A R E C E T T E

Pour une tarte de 23 cm

UN FOND DE PÂTE BRISÉE DE 23 CM (PAGE 198) BIEN FROIDE

4 PATATES DOUCES MOYENNES CUITES JUSQU'À CE QU'ELLES SOIENT BIEN TENDRES, PELÉES

3 ŒUFS LÉGÈREMENT BATTUS

70 G DE SUCRE CRISTALLISÉ

1/4 DE CUILLERÉE À CAFÉ DE MUSCADE FRAÎCHEMENT RÂPÉE

3/4 DE CUILLERÉE À CAFÉ DE CANNELLE

1/2 CUILLERÉE À CAFÉ DE QUATRE-ÉPICES

1/4 DE CUILLERÉE À CAFÉ DE SEL

1 CUILLERÉE À CAFÉ DE ZESTE DE CITRON RÂPÉ

3 DL DE CRÈME LÉGÈRE (FLEURETTE)

60 G DE BEURRE FONDU ET REFROIDI

1. Préchauffer le four à 200°.
2. Mettre les patates douces dans une grande jatte et les écraser à la fourchette ou avec un pilon. Mettre de côté.
3. Mélanger les œufs, le sucre, les épices, le sel, le zeste de citron et la crème dans une petite terrine et battre jusqu'à ce que le mélange soit homogène. Verser ce mélange dans les patates douces et bien mélanger. Ajouter le beurre, mélanger à nouveau. Verser dans le fond de tarte et cuire de 45 à 55 minutes ou jusqu'à ce que la garniture soit prise et que la lame d'un couteau enfoncé au centre ressorte sèche. Laisser complètement refroidir avant de couper.

Une appétissante tarte aux patates douces dont les bords sont marqués à la fourchette. La vaisselle en faïence « Fiestaware » et les couverts en bakélite m'ont été prêtés par le musée Friedman à Westport, spécialisé dans l'Art Déco et l'Art Yukko.

Les betteraves cuites sont râpées et mélangées avec une crème aux œufs sucrée pour former la garniture de cette tarte. Il y a plusieurs façons de cuire les betteraves. On peut les envelopper, non pelées, dans du papier d'aluminium et les cuire au four à 175° jusqu'à ce qu'elles soient souples ; on peut aussi les cuire à l'eau bouillante (un autocuiseur est aussi très pratique et très rapide). La peau doit s'ôter sans difficulté, une fois les betteraves cuites et refroidies. Pour une si petite quantité, il est plus simple de les râper à la main, mais un appareil électrique vous évitera de tacher vos mains de rouge. Je porte toujours des gants de caoutchouc pour peler ou râper les betteraves rouges sinon mes doigts en gardent le souvenir coloré pendant des jours.

On trouve facilement des betteraves rouges déjà cuites sur les marchés, ce qui évite une corvée désagréable.

Tarte aux Betteraves Rouges

LA RECETTE

Pour une tarte de 26 cm

UN FOND DE TARTE EN PÂTE BRISÉE DE 26 CM (PAGE 198) BIEN FROIDE

1 KILO DE BETTERAVES ROUGES CRUES

$^1/_2$ CUILLERÉE À CAFÉ DE MUSCADE FRAÎCHEMENT RÂPÉE

2 DL $^1/_2$ DE CRÈME FRAÎCHE

2 DL $^1/_2$ DE LAIT

$^1/_2$ GOUSSE DE VANILLE

100 G DE SUCRE CRISTALLISÉ

3 ŒUFS ENTIERS + 3 JAUNES LÉGÈREMENT BATTUS

1. Couper le haut des betteraves, en laissant 2 cm de tige. Les laver et les mettre dans une grande casserole, les couvrir d'eau et porter à ébullition. Cuire les betteraves sous couvercle jusqu'à ce qu'elles soient tendres, ajouter un peu d'eau bouillante si nécessaire en cours de cuisson. Retirer les betteraves cuites de l'eau et les laisser refroidir.

2. Quand les betteraves sont assez froides, enlever la peau en la faisant glisser. Les râper grossièrement à la main ou à la moulinette électrique. Ajouter la muscade, mélanger et mettre de côté.

3. Préchauffer le four à 175°.

4. Mettre la crème, le lait et la gousse de vanille dans une casserole à fond épais, mélanger et laisser frémir sur feu doux pendant 5 minutes. Enlever la gousse de vanille.

5. Avec le batteur électrique battre le sucre avec les œufs et les jaunes, jusqu'à obtention d'une crème mousseuse. Ajouter peu à peu le mélange crème + lait bouillant, en fouettant constamment. Passer à travers une passoire, dans une grande jatte, puis incorporer les betteraves râpées en mélangeant bien. Verser dans le fond de tarte et cuire au four environ 55 à 60 minutes, la garniture doit être prise et la pâte uniformément dorée. Laisser refroidir un peu avant de couper. Servir tiède ou à la température de la pièce.

J'ai décoré cette tarte aux betteraves en appliquant sur son pourtour une tresse de pâte brisée. En voici une part, servie sur une assiette ancienne rose, en poterie vernissée française, posée sur un chemin de table fait d'une ceinture de kimono japonais.

Tarte Sucrée aux Épinards

Cette tarte a été photographiée dans notre serre, en février ; nous y cultivons des épinards nains, de la laitue et des fines herbes.

Comme la tarte aux betteraves rouges, cette tarte est garnie d'une crème aux œufs. Le mélange des épinards avec les pignons de pin et les pommes est original mais très bon, surtout si vous y ajoutez muscade et clous de girofle. La tarte est simplement saupoudrée de sucre mais un dessus quadrillé ou décoré de feuilles en pâte est aussi très joli.

LA RECETTE

Pour une tarte de 28 cm

UN FOND DE TARTE DE 28 CM EN PÂTE BRISÉE (PAGE 198) BIEN FROIDE

1 KILO D'ÉPINARDS FRAIS, ÉPLUCHÉS ET LAVÉS

80 G DE PIGNONS DE PIN

2 DL 1/2 DE CRÈME FRAÎCHE

2 DL 1/2 DE LAIT

1/2 GOUSSE DE VANILLE

100 G DE SUCRE CRISTALLISÉ + 1 CUILLERÉE À SOUPE

3 ŒUFS ENTIERS + 3 JAUNES LÉGÈREMENT BATTUS

3 POMMES MOYENNES ACIDULÉES, PELÉES, ÉPLUCHÉES ET COUPÉES EN LAMELLES

1/4 DE CUILLERÉE À CAFÉ DE MUSCADE FRAÎCHEMENT RÂPÉE

1 PINCÉE DE CLOUS DE GIROFLE EN POUDRE

1. Cuire les épinards à la vapeur pendant 3 ou 4 minutes, pour les fondre, tout en les laissant bien verts. Les retirer du feu, les presser pour enlever l'eau et lorsqu'ils sont assez refroidis, les hacher grossièrement. Mettre de côté.

2. Préchauffer le four à 175°.

3. Étaler les pignons sur une tôle, sur une seule couche et les passer au four environ 10 minutes, pour les griller légèrement. Laisser refroidir.

4. Mettre crème, lait et gousse de vanille dans une casserole à fond épais, mélanger et laisser frémir à feu doux pendant 5 minutes. Retirer la gousse de vanille.

5. Avec un batteur électrique, battre 100 g de sucre avec les œufs et les jaunes jusqu'à obtention d'une crème mousseuse. Ajouter peu à peu, le mélange lait + crème bouillante, en fouettant sans arrêt. Passer le tout à travers une passoire dans une grande jatte et y incorporer les épinards, les pommes, les pignons, la muscade et la poudre de clous de girofle. Verser dans le fond de tarte, saupoudrer de la cuillerée à soupe de sucre restante et mettre au four 55 à 60 minutes, la garniture doit être prise et la pâte uniformément dorée. Laisser refroidir un peu avant de couper. Servir tiède ou à température de la pièce.

VARIANTE : pour une tarte moins sucrée, saupoudrer le dessus avec une bonne pincée de poivre de cayenne au lieu de sucre, avant de mettre au four.

Tourte aux Tomates Vertes

À droite : on laisse mariner les tomates vertes coupées en tranches avec des raisins secs, du vinaigre et du zeste de citron avant de mettre la tourte au four.
À gauche : la tourte terminée. La pâte est simplement rabattue sur la garniture.

Un jour d'été à Nutley, lorsque j'avais quatre ou cinq ans, je fis une grosse bêtise. Beaucoup de nos voisins avaient des jardins potagers, pris sur les champs abandonnés d'une ancienne ferme, où ils cultivaient tomates et autres légumes. Je ne sais plus pour quelle raison j'ai cueilli toutes les tomates vertes de tous les jardins. S'ensuivit alors un tollé général et je reçus une punition appropriée, que j'ai d'ailleurs oubliée ! Ma mère dut trouver la manière d'employer ces tomates vertes généralement inutilisables : picallili, pâté aux tomates vertes aux épices, tomates vertes au vinaigre, tomates vertes frites et tourte aux tomates vertes.

Aujourd'hui, bien sûr, je ne mange les tomates vertes qu'en automne, quand il faut les cueillir avant que les premières gelées ne les noircissent. Je fais alors ma version de la tourte aux tomates vertes de mon enfance. Les tranches de tomates sont mélangées avec des raisins secs, du zeste de citron et des épices et posées dans un fond de tarte de pâte brisée dont je rabats les bords sur la garniture avant de mettre au four cette tourte dont la saveur à l'ancienne est irrésistible.

L A R E C E T T E

Pour une tourte de 23 cm

UN FOND DE TARTE DE 35 CM EN PÂTE BRISÉE (PAGE 198) BIEN FROIDE

6 TOMATES VERTES MOYENNES
100 G DE RAISINS SECS BLONDS
1 CUILLERÉE À CAFÉ $^{1}/_{2}$ DE ZESTE DE CITRON RÂPÉ
2 CUILLERÉES À SOUPE DE JUS DE CITRON
1 CUILLERÉE À SOUPE DE VINAIGRE DE CIDRE
300 G DE SUCRE CRISTALLISÉ
4 CUILLERÉES À SOUPE DE FARINE
À PEINE $^{1}/_{2}$ CUILLERÉE À CAFÉ DE SEL
$^{1}/_{4}$ DE CUILLERÉE À CAFÉ DE CANNELLE
$^{1}/_{4}$ DE CUILLERÉE À CAFÉ DE GINGEMBRE EN POUDRE
30 G DE BEURRE FERME COUPÉ EN PETITS MORCEAUX
DU SUCRE GLACE

1. Poser la pâte sur un moule de 23 cm, ce qui dépasse sera replié sur la garniture. Mettre au réfrigérateur.
2. Préchauffer le four à 220°.
3. Laver les tomates et les couper en tranches de 3 mm d'épaisseur. Ne pas utiliser la tranche de chaque extrêmité. Mettre les tranches dans une grande terrine et ajouter les raisins, le jus et le zeste de citron ainsi que le vinaigre. Mélanger et laisser reposer.
4. Dans une petite jatte, mélanger sucre, farine, sel et épices. Saupoudrer 2 cuillerées à soupe de ce mélange sur le fond de tarte bien froid et mélanger le reste avec les tomates. Verser le tout dans le fond de tarte et parsemer de beurre. Rabattre la pâte qui dépasse sur la garniture et cuire au four 15 minutes. Baisser la température à 165° et cuire encore 50 minutes, la garniture doit bouillonner et la croûte être dorée.
5. Laisser la tourte refroidir complètement avant de la couper. L'intérieur est très liquide et peut couler. Saupoudrer le dessus avec du sucre glace juste avant de servir.

Pour cette tarte, on se contente d'éplucher et de râper les carottes et les panais avant de les ajouter à la garniture. Choisir des panais d'un blanc crémeux, bien fermes et non flétris, et des carottes d'un bel orange vif, croquantes et sucrées.

La garniture de cette tarte est à base de crème aux œufs. La cannelle et la muscade rehaussent la saveur des carottes et des panais et permettent d'en faire un dessert sucré. Chacun de ces légumes peut être employé séparément mais leur mélange fait l'originalité de la tarte.

Tarte aux Carottes et aux Panais

LA RECETTE

Pour une tarte de 24 cm

UN FOND DE TARTE DE 24 CM EN PÂTE BRISÉE (PAGE 196) BIEN FROIDE

3 ŒUFS LÉGÈREMENT BATTUS
70 G DE SUCRE BRUN
3 CUILLERÉES À SOUPE DE SUCRE CRISTALLISÉ
2 DL DE CRÈME FRAÎCHE
1 DL ½ DE LAIT
2 CUILLERÉES À CAFÉ DE FARINE
1 CUILLERÉE À CAFÉ DE CANNELLE
½ CUILLERÉE À CAFÉ DE MUSCADE FRAÎCHEMENT RÂPÉE
225 G DE CAROTTES RÂPÉES
110 G DE PANAIS RÂPÉS

Rubans de carottes confites

2 CAROTTES PELÉES
2 DL D'EAU
6 CUILLERÉES À SOUPE DE SUCRE CRISTALLISÉ

1. Préchauffer le four à 175°.

2. Mettre les œufs dans une jatte, ajouter le sucre et bien mélanger. Ajouter la crème, le lait, la farine, la cannelle et la muscade, mélanger. Ajouter les carottes et les panais.

3. Verser la garniture dans le fond de tarte et cuire au four 55 à 60 minutes, jusqu'à ce qu'elle soit prise et dorée. Laisser complètement refroidir sur une grille à pâtisserie.

4. Pour faire les rubans de carottes confites, détacher des longs rubans de carotte de 1 cm de large, avec un couteau économe. Les poser dans une casserole à fond épais, avec l'eau et le sucre et cuire jusqu'à ce que les carottes soient tendres et glacées. Laisser refroidir complètement dans le sirop avant d'en décorer la tarte et de servir.

Une grosse part de tarte aux carottes et aux panais, décorée d'un ruban de carotte confite, est servie sur une assiette anglaise des années 1930.

e.
a.
b.

Les tartes aux courges et potirons présentées ici avant cuisson sont toutes en pâte brisée, mais les bords de chacune sont différents.
a) Tarte à la courge épicée au bord en « créneaux ».
b) Tarte au potiron et sucre brun, au bord en feuilles appliquées sur le pourtour.
c) Tarte au potiron et crème aux œufs au joli bord tressé.
d) Tarte au potiron et sirop d'érable au bord cannelé.
e) Tarte au potiron doux et à la mélasse au bord simplement pincé.

a. Tarte à la Courge Épicée

Un bord en « créneaux » décore joliment cette tarte toute simple mais délicieuse.

La courge musquée est un légume d'hiver très populaire aux États-Unis. Cylindrique, renflée à une extrémité, l'autre extrémité contenant les graines dans des petites cavités, elle a une chair orange foncé, très riche en vitamine C. La purée de courge musquée peut être employée dans toutes les recettes de tarte au potiron, auquel elle ressemble beaucoup par le goût et la texture de la pulpe. Les courges musquées se conservent très bien et vous pourrez les garder longtemps dans un endroit frais et sec. Pour ma part, je préfère cependant les transformer en purée, en septembre et octobre, quand les fruits sont mûrs et en congeler des paquets de quatre décilitres. Cela me permet ainsi de confectionner des tartes chaque fois que je le désire, sans pour cela perdre du temps à préparer la purée.

La garniture de cette tarte est épaisse, agrémentée d'épices, et possède un goût bien particulier de mélasse. Le bord en « créneaux » de la croûte est facile à faire. Il suffit d'entailler la pâte sur le pourtour à intervalles réguliers et de plier une section sur deux, vers le milieu de la tarte.

L A R E C E T T E

Pour une tarte de 25 cm

UN FOND DE TARTE EN PÂTE BRISÉE DE 30 CM (PAGE 198) BIEN FROIDE

3 LIVRES DE COURGE MUSQUÉE OU DE POTIRON
1/2 CUILLERÉE À CAFÉ DE CANNELLE
1 CUILLERÉE À CAFÉ DE GINGEMBRE
1 CUILLERÉE À CAFÉ DE SEL
1 DL 1/2 DE MÉLASSE
5 ŒUFS LÉGÈREMENT BATTUS
1 DL DE CRÈME FRAÎCHE

1. Pour faire la bordure « en créneaux », égaliser la pâte sur le pourtour et inciser le bord, tous les deux centimètres, sur un centimètre et demi environ. Plier une section sur deux vers l'intérieur de la tarte. Mettre au réfrigérateur pour que la pâte soit bien ferme.

2. Couper la courge en deux, ôter les graines et la couper en gros morceaux. Poser une grille dans une grande casserole, ajouter de l'eau jusqu'à quelques centimètres de la grille. Mettre la courge sur la grille, l'écorce touchant la grille. Porter à ébullition, baisser le feu et laisser cuire, sans couvercle, pendant 20 à 25 minutes jusqu'à ce que la courge soit tendre. Il sera peut-être nécessaire d'ajouter de l'eau bouillante dans la casserole. Retirer la courge et laisser refroidir.

3. Préchauffer le four à 230°.

4. Quand la courge est assez refroidie, racler la chair et la mettre dans un robot pour en faire une purée lisse. Verser la purée dans une jatte et lui incorporer les épices, le sel et la mélasse. Ajouter les œufs et la crème et bien mélanger. Verser la garniture dans le fond de tarte et cuire au four 10 minutes. Baisser la température à 175° et cuire encore 45 minutes, la garniture doit être prise. Laisser refroidir un peu avant de servir.

J'ai fait cuire cette tarte dans mon moule hexagonal en étain préféré, au large rebord. C'est un moule parfait pour les tartes à bord décoré.

Avec cette recette, nous avons confectionné deux tartes ; pour l'une, nous avons utilisé une purée de potiron du commerce et pour l'autre, quatre décilitres de purée « maison ». Les deux furent excellentes mais la garniture faite avec la purée achetée toute faite, avait une consistance extrêmement fine. Si l'on veut une garniture très veloutée et brillante, il faut passer la pulpe à travers une passoire très fine, au moulin-légumes ou bien encore au robot, jusqu'à la consistance désirée. Très souvent, je la passe d'abord au robot puis je presse la purée à travers une passoire très fine pour éliminer tous les morceaux de fibre restants.

Cette tarte au potiron au sucre brun, cuite dans un moule hexagonal en étain, présente un aspect original avec ses feuilles en pâte appliquées sur le pourtour.

6. Tarte au Potiron au Sucre Brun

L A R E C E T T E

Pour une tarte de 20 cm

1 ROND DE PÂTE BRISÉE DE 30 CM (PAGE 198) BIEN FROIDE

4 DL (4 LOUCHES) DE PURÉE DE POTIRON (PAGE 142) OU UNE DE LA MÊME QUANTITÉ EN CONSERVE

3 ŒUFS LÉGÈREMENT BATTUS

1 DL DE CRÈME FRAÎCHE

100 G DE SUCRE BRUN

1/2 CUILLERÉE À CAFÉ DE QUATRE-ÉPICES

1/2 CUILLERÉE À CAFÉ DE CANNELLE

1/2 CUILLERÉE À CAFÉ DE GINGEMBRE EN POUDRE

1/2 CUILLERÉE À CAFÉ DE SEL

1. Préchauffer le four à 190°.

2. Appliquer le rond de pâte brisée dans un moule à tarte de 20 cm et appuyer sur le bord pour couper la pâte qui dépasse. Dans la pâte restante, découper le plus de feuilles possible et marquer les nervures avec le dos d'un couteau. Avec un peu d'eau coller les feuilles en pâte sur le bord de la tarte, de façon à ce que la pointe de la feuille retombe vers l'extérieur. Garder au réfrigérateur jusqu'à utilisation.

3. Mélanger la purée et le reste des ingrédients dans une terrine. Verser dans la tarte et mettre au four 50 à 55 minutes jusqu'à ce que la croûte soit bien dorée et la garniture prise. Laisser refroidir avant de servir.

c. Tarte au Potiron et Crème aux Œufs

LA RECETTE

Pour une tarte de 20 cm

UN ROND DE 30 CM EN PÂTE BRISÉE (PAGE 198) BIEN FROIDE

ENVIRON 3 LIVRES À 3 LIVRES 1/2 POTIRON BRONZÉ OU DE POTIRON ORDINAIRE

4 ŒUFS LÉGÈREMENT BATTUS

1 DL DE MIEL

1 DL 1/2 DE CRÈME FRAÎCHE

1/2 CUILLERÉE À CAFÉ DE SEL

1 CUILLERÉE À CAFÉ DE GINGEMBRE EN POUDRE

1. Appliquer le rond de pâte dans un moule de 20 cm. Avec un couteau aiguisé, égaliser en dépassant juste le rebord du moule. Découper un maximum de bandelettes de 3 mm de large dans la pâte en excès. Tresser ensemble ces bandelettes, par trois, en collant les extrêmités avec un peu d'eau. Coller la tresse sur le bord de la tarte avec un peu d'eau. Mettre au réfrigérateur.

2. Couper en deux le potiron et ôter les graines, couper en gros morceaux. Les mettre dans un cuit-vapeur, écorce contre la grille et cuire à la vapeur 20 à 30 minutes, jusqu'à ce que la pulpe soit tendre. Laisser un peu refroidir avant de racler la pulpe pour la réduire en purée dans un robot.

3. Préchauffer le four à 190°.

4. Mélanger intimement la purée de potiron et le reste des ingrédients. Verser dans la tarte et cuire au four 1 heure, la crème doit être prise et la croûte dorée. Laisser complètement refroidir avant de couper.

Le potiron bronzé de Montlhéry est un légume d'hiver à l'écorce côtelée brun verdâtre et à la pulpe jaune ou orange vif. Autrefois, ces potirons couraient sur de longues tiges et prenaient beaucoup de place au jardin en octobre, mais aujourd'hui, on trouve des merveilleuses variétés non coureuses qui donnent de nombreux fruits sur une plante ramassée. Il existe même une nouvelle variété de potiron à l'écorce orange vif.

Cette tarte avec sa garniture sucrée au miel et légèrement épicée de gingembre, est la plus légère de toutes les tartes au potiron.

d. Tarte au Potiron et Sirop d'Érable

Sur cette tarte, une feuille d'érable comestible, faite en pâte brisée, cuite à part pour éviter qu'elle ne s'enfonce dans la garniture. (Découper la forme de la feuille dans les restes de pâte et la cuire au four préchauffé à 190°, pendant 12 à 15 minutes, jusqu'à ce qu'elle soit dorée.)

La pâte doit être froide avant d'y verser la garniture pour que les bords cannelés restent bien marqués après cuisson.

LA RECETTE

Pour une tarte de 28 cm

UN FOND DE TARTE DE 28 CM EN PÂTE BRISÉE (PAGE 198) BIEN FROIDE

3 DL DE PURÉE DE POTIRON FRAÎCHE (PAGE 142) OU EN BOÎTE

1 DL DE SIROP D'ÉRABLE (ÉPICERIES FINES)

3 DL DE LAIT

2 ŒUFS LÉGÈREMENT BATTUS

2 CUILLERÉES À SOUPE DE FARINE

1 CUILLERÉE À CAFÉ DE CANNELLE

1/4 DE CUILLERÉE À CAFÉ DE MUSCADE FRAÎCHEMENT RÂPÉE

1/4 DE CUILLERÉE À CAFÉ DE GINGEMBRE EN POUDRE

1/2 CUILLERÉE À CAFÉ DE SEL

POUR DÉCORER : UNE FEUILLE DE PÂTE (CUITE À PART ET REFROIDIE)

1. Préchauffer le four à 220°.

2. Mettre la purée de potiron dans une grande jatte et lui ajouter le sirop d'érable, le lait et les œufs, mélanger pour obtenir une purée lisse. Incorporer les ingrédients secs et bien mélanger. Verser le mélange dans la tarte et cuire environ 40 minutes, la garniture doit être prise, la lame d'un couteau plongée au centre, doit ressortir sèche. Laisser refroidir avant de servir. Garnir de la feuille d'érable déjà cuite.

Tarte au potiron et crème aux œufs (à droite), *décorée d'une vraie feuille de sycomore, et tarte au potiron et sirop d'érable,* (à gauche), *décorée d'une feuille en pâte brisée.*

e. Tarte au Potiron Doux et à la Mélasse

Il est une variété de potirons petits et d'égale grosseur, d'environ 16 à 18 cm de diamètre que j'aime beaucoup utiliser pour leur pulpe délicieuse, serrée et sucrée. Les énormes citrouilles sont amusantes comme éléments de décoration, pour la soupe et pour des purées salées, mais pour les tartes, j'essaie toujours de trouver la variété appelée Spookie qui donne beaucoup de fruits et mûrit plus tôt que les variétés plus grosses.

Quand ma fille Alexis était petite, nous emportions des quantités de ces citrouilles à son école pour faire des lanternes dans l'écorce, en espérant que la pulpe soit utilisée pour faire des tartes après les fêtes de Halloween.

J'ai confectionné des feuilles d'érable et de cornouiller dans des restes de pâte brisée et feuilletée pour cette simple tarte au potiron et à la mélasse. Cuites séparément, les feuilles sont placées sur le dessus de la tarte, juste avant de servir.

L A R E C E T T E

Pour une tarte de 28 cm

UN FOND DE TARTE DE 28 CM EN PÂTE BRISÉE (PAGE 198) BIEN FROIDE

ENVIRON 3 LIVRES DE POTIRON, DE PRÉFÉRENCE UNE PETITE VARIÉTÉ

4 ŒUFS LÉGÈREMENT BATTUS

1 DL DE MIEL

4 CUILLERÉES À SOUPE DE MÉLASSE

1 DL DE LAIT

1 DL DE CRÈME FRAÎCHE

$^1/_2$ CUILLERÉE À CAFÉ DE GINGEMBRE EN POUDRE

$^1/_2$ CUILLERÉE À CAFÉ DE CANNELLE

1 CUILLERÉE À CAFÉ DE SEL

POUR DÉCORER : DES FEUILLES EN PÂTE (PAGE 140) CUITES À PART ET REFROIDIES

1. Couper le potiron en gros morceaux et retirer les graines. Cuire à la vapeur pendant 25 à 30 minutes, jusqu'à ce qu'une fourchette les traverse aisément. Égoutter et laisser un peu refroidir. Avec une cuillère au bord tranchant, racler la pulpe du potiron et la poser dans le bol d'un robot pour en faire une purée lisse.

2. Préchauffer le four à 190°.

3. Mesurer 6 dl de la purée de potiron, la mettre dans une jattre avec le reste des ingrédients et bien mélanger. Verser dans la tarte et cuire environ 1 heure, la garniture doit être prise et le dessus marron brillant. Laisser refroidir avant de servir. Garnir avec des feuilles en pâte.

CHAPITRE 8

Lorsque j'étais enfant dans le New Jersey, ma famille faisait beaucoup de pâtisserie avec des fruits secs (amandes, noix, etc.). Nous les achetions dans leurs coques, dans les magasins locaux ou bien nous allions les cueillir dans la campagne, à la fin de l'été. Nous avions toutes sortes de fruits secs : noix, noisettes, amandes, noix du Brésil et noix de pécan que nous conservions dans des paniers et des boîtes, dans des endroits frais et sombres. Dans le placard, se trouvaient des quantités de casse-noix inhabituels mais efficaces. Chacun d'eux avait un usage déterminé. Un grand outil compliqué servait à casser les noix de pécan sans abîmer l'amande et il y avait même un marteau spécial, destiné aux noix sombres que nous ramassions chaque automne pour faire des petits gâteaux et des glaces. Les fruits secs nous servaient « d'en-cas à grignoter » et nos parties de scrabble ou de gin rummy étaient toujours accompagnées par le bruit des coques qui éclataient.

Aujourd'hui, on trouve les fruits secs tout décortiqués et même émondés. On peut les acheter en moitiés sans défauts, pour les noix ou les noix de pécan, pour décorer les tartes, ou en petits morceaux, moins chers, pour les garnitures, ou émincés ou encore en poudre. Les fruits secs se conservent plus frais dans le congélateur.

Comme les fruits secs ont une saveur prononcée et sont parfois amers, la garniture des tartes dont ils sont la base est souvent trop sucrée et sirupeuse. On peut corriger ce défaut en leur ajoutant différents ingrédients, par exemple, du zeste d'orange pour les noix de macadamia, du zeste de citron à une tarte aux noix de pécan, du zeste et de la liqueur de citron à une tarte aux amandes. Le chocolat noir amer, se marie aussi très bien avec les fruits secs.

Les Fruits Secs

Cette tartelette aux noix délicate et cependant très riche, est servie sur une assiette en verre taillé, couleur d'améthyste. La table est recouverte d'une nappe en chintz du XIXe siècle, aux motifs de fruits et de fleurs.

Les tartes comme celle-ci peuvent être de différentes tailles : toute petite tartelette de cinq centimètres, en accompagnement d'un sorbet ou d'une glace, ou bien de neuf à dix centimètres, en dessert individuel, amplement suffisant pour une personne, la garniture étant très riche, ainsi que pour ces tartelettes aux noix.

Les tartelettes sont tout d'abord cuites puis décorées avec un filigrane de chocolat et des moitiés de noix trempées dans le chocolat fondu. Si vous ne possédez pas de poche à douille, emplissez un sac en plastique avec du chocolat fondu, percez un petit trou dans un des coins avec une aiguille et pressez doucement le sac pour faire sortir le chocolat par le trou et dessiner le motif souhaité.

L A R E C E T T E

Pour 12 tartelettes de 9 cm

12 CROÛTES DE TARTELETTES DE 9 CM EN PÂTE BRISÉE (PAGE 198) DÉJÀ À DEMI CUITES ET REFROIDIES

2 ŒUFS LÉGÈREMENT BATTUS

70 G DE SUCRE CRISTALLISÉ

2 CUILLERÉES À CAFÉ DE GRAND MARNIER OU DE KIRSCH

40 G DE BEURRE FONDU ET REFROIDI

3 CUILLERÉES À SOUPE DE CRÈME FRAÎCHE

1 DL 1/2 DE SIROP DE MAÏS (ÉPICERIES FINES)

200 G DE NOIX GROSSIÈREMENT HACHÉES

170 G DE CHOCOLAT NOIR, QUALITÉ AMÈRE, FONDU

POUR DÉCORER : 12 CERNEAUX DE NOIX, PARTAGÉS EN DEUX, ENROBÉS DANS DU CHOCOLAT FONDU (NON PRÉLEVÉ SUR LA QUANTITÉ PRÉVUE CI-DESSUS)

1. Préchauffer le four à 175°.

2. Pour la garniture, battre les œufs et le sucre ensemble dans une terrine. Incorporer le Grand Marnier, le beurre, la crème, le sirop de maïs et les noix hachées, en mélangeant bien. Verser le mélange dans les croûtes de tartelettes, en le répartissant également et cuire au four environ 30 minutes, la garniture doit être prise. Poser les tartelettes sur une grille à pâtisserie et les laisser complètement refroidir.

3. Remuer le chocolat fondu jusqu'à ce qu'il soit homogène et le mettre dans une poche à douille munie d'une douille très fine. Presser sur la poche à douille, dans un mouvement de va-et-vient pour tracer un décor en dentelle. Garnir le centre de chaque triangle avec une demi-noix enrobée de chocolat. Servir à la température de la pièce.

Lors de mes dernières vacances à Hawaï, j'ai eu l'occasion de voir des arbres de macadamia*, hauts et larges, aux feuilles sombres, sur lesquels se trouvaient des milliers de petites noix à la coque extrêmement dure. Je m'étais toujours demandé comment elles poussaient et comment un État aussi petit pouvait donner une production suffisante pour les besoins du monde entier. J'ai visité là-bas, une manufacture de noix et j'ai observé avec intérêt comment elles sont grillées, décortiquées et emballées. Je les ai goûtées sous toutes leurs formes, crues, salées, en brisures, en sirop et en crème, mais je les préfère encore simplement grillées.

J'ai découvert cette recette lors de mon séjour dans le Pacifique et l'ai adaptée pour ce livre. Les tartelettes sont en simple pâte brisée et leur garniture est onctueuse, sucrée et croustillante. De l'écorce d'orange confite est ajoutée, hachée, à la garniture et sert aussi à décorer le dessus, en rubans disposés en rosettes. Elle donne un parfum supplémentaire aux tartelettes.

* Les noix de macadamia se trouvent dans les épiceries fines.

Ma belle-sœur, Rita Christiansen, a trouvé ces assiettes originales au Women's Exchange de Southport. Le décor Art Nouveau est peint sur une fine porcelaine blanche Royal Doulton.

Tartelettes aux Noix de Macadamia

LA RECETTE

Pour 9 tartelettes de 8 cm

9 CROÛTES DE TARTELETTES DE 8 CM EN PÂTE BRISÉE (PAGE 198) À DEMI CUITES ET REFROIDIES

110 G DE NOIX DE MACADAMIA, NON SALÉES ET HACHÉES GROSSIÈREMENT

L'ÉCORCE CONFITE D'UNE GROSSE ORANGE (PAGE 101)

150 G DE BEURRE

70 G DE SUCRE CRISTALLISÉ

3 CUILLERÉES À SOUPE DE CRÈME FRAÎCHE

1. Préchauffer le four à 175°.

2. Avec un hachoir à main ou un couteau bien aiguisé, hacher grossièrement les noix de macadamia et mettre de côté. Hacher finement la moitié de l'écorce d'orange confite et mettre de côté. (Garder le reste pour la décoration.)

3. Faire fondre le beurre et le sucre ensemble dans une casserole à fond épais, sur feu moyen et porter à ébullition. Ajouter les noix, l'écorce d'orange hachée et la crème. Donner juste un bouillon et retirer du feu.

4. Répartir la garniture dans les croûtes de tartelettes. Cuire au four environ 20 minutes, la garniture doit être dorée et caramélisée. Laisser les tartelettes refroidir sur une grille. Décorer avec le reste des écorces d'orange confites, en formant des rosettes.

Cette tarte est servie sur une des assiettes opalescentes à cabochons, trouvées au Stock Market de Westport, une boutique de dépot-vente. Le couvre-pied ancien en chintz provient de la même boutique.

Une part de tarte aux amandes, une tasse de thé au citron, petit... ou grand plaisir de l'après-midi, avant une sieste ou en lisant un roman que l'on aime.

Les amandes sont des fruits secs faciles à utiliser. Il faut peu de choses pour rehausser leur goût délicat, un peu de Grand Marnier ou de Kirsch et du zeste de citron ou d'orange par exemple. Cette tarte se présente comme un rectangle étroit mais pourrait avoir n'importe quelle forme ou prendre aussi bien celle de tartelettes individuelles. Rappelez-vous cependant, de la faire cuire sur une tôle recouverte de papier sulfurisé, la garniture ayant tendance à couler au cours de la cuisson.

Tarte aux Amandes

L A R E C E T T E

Pour une tarte rectangulaire de 12 cm × 36 cm

UNE CROÛTE DE PÂTE BRISÉE (PAGE 198) DE 12 CM × 36 CM, DÉJÀ À DEMI CUITE ET REFROIDIE

100 G D'AMANDES EFFILÉES
3 DL DE CRÈME FRAÎCHE
250 G DE SUCRE CRISTALLISÉ
1 PINCÉE DE SEL
2 CUILLERÉES À SOUPE DE GRAND MARNIER OU DE KIRSCH
$^1/_8$ DE CUILLERÉE À CAFÉ D'EXTRAIT LIQUIDE D'AMANDES
LE ZESTE D'UN CITRON OU D'UNE ORANGE

1. Préchauffer le four à 175°.

2. Mélanger amandes, crème, sucre, sel, Grand Marnier et extrait d'amandes dans une casserole à fond épais. Cuire sur feu doux, en remuant sans arrêt pendant 10 à 15 minutes, jusqu'à ce que le sucre soit bien dissous. Retirer du feu et incorporer le zeste de citron ou d'orange. Verser le mélange dans la croûte de tarte et mettre au four environ 30 minutes, la garniture doit être prise et couleur caramel. Laisser refroidir légèrement la tarte avant de la sortir du moule mais ne pas laisser le sucre caramélisé durcir complètement, elle serait alors trop difficile à démouler.

Tarte aux Noix de Pécan

Cette tarte rectangulaire aux noix de pécan, parfumée au zeste de citron râpé, est servie sur une planche quadrillée à sablés écossaise datant du XVIIIe siècle.

Les tartes et les tourtes aux fruits secs sont généralement très riches et très sucrées, quelquefois trop à mon goût. C'est pour cela que j'ai voulu essayer cette recette d'une de mes amies du Tennessee, qui donne une tarte aux noix de pécan, avec une garniture légère, parfumée au zeste de citron râpé. Les ingrédients traditionnels s'y trouvent toujours : sirop de maïs, mélasse, sucre brun, œufs et noix de pécan, mais utilisés différemment.

La tarte est en pâte brisée cuite dans un moule rectangulaire, à fond amovible. Des demi-noix de pécan sans défauts, sont utilisées pour former un motif symétrique. On peut préférer les très petites noix de pécan, mais les demi-noix qui servent à décorer doivent toujours être parfaites.

L A R E C E T T E

Pour une tarte rectangulaire de 19 × 28 cm

UN FOND DE TARTE DE 19 × 28 CM EN PÂTE BRISÉE (PAGE 198) BIEN FROIDE

4 ŒUFS
200 G DE SUCRE BRUN
1/4 DE CUILLERÉE À CAFÉ DE SEL
1/2 DL DE MÉLASSE
1/2 DL DE SIROP DE MAÏS*
40 G DE BEURRE FONDU ET REFROIDI
1 CUILLERÉE À CAFÉ D'EXTRAIT DE VANILLE
LE ZESTE RÂPÉ D'UN CITRON OU D'UNE ORANGE
150 G DE NOIX DE PÉCAN HACHÉES
125 G DE DEMI-NOIX DE PÉCAN SANS DÉFAUTS

*** LE SIROP DE MAÏS SE TROUVE DANS LES ÉPICERIES FINES**

1. Préchauffer le four à 165°.

2. Mettre les œufs dans une terrine et battre à la fourchette. Incorporer le sucre, le sel, la mélasse et le sirop de maïs et mélanger. Ajouter le beurre, la vanille et le zeste de citron ou d'orange et battre jusqu'à obtention d'un mélange homogène. Ajouter les noix de pécan hachées.

3. Verser la garniture dans la tarte et disposer avec soin les moitiés de noix de pécan en rangées sur le dessus. Cuire au four de 45 à 50 minutes, la croûte doit être dorée et la garniture prise. Laisser refroidir sur une grille avant de couper et de servir.

CHAPITRE 9

L'une de nos clientes semble avoir un amour immodéré pour le chocolat. Comme nous travaillons régulièrement pour elle, il nous faut constamment inventer ou ré-inventer pour ses dîners, des desserts au chocolat noir ou blanc qui tous, possèdent les mêmes qualités : ils sont riches, délicieux à vous faire commettre le péché de gourmandise, beaux, appétissants et de préférence, faciles à servir. Pour cela, il faut ou des petites tartes, ou des grandes tartes découpées en cuisine avant de servir et disposées sur les assiettes à dessert, chaque part devant être en elle-même décorative et parfaite.

Le chocolat est amusant à travailler mais seulement à certaines conditions. Il doit être de très bonne qualité, la température de la pièce doit rester fraîche et l'air suffisamment sec, la surface de travail bien lisse (le marbre, l'ardoise et l'acier inoxydable sont parfaits). Il vous faut aussi de bons ustensiles : des tôles épaisses et sans rayures, des raclettes solides et bien droites pour faire les copeaux, la paille et l'écorce ; des pinceaux souples pour badigeonner les feuilles... et aussi beaucoup de patience.

Je n'oublierai jamais le cours que j'ai donné à l'école de cuisine de Bobbi et Carole, à Miami. Ce jour-là, il faisait une chaleur humide insupportable et l'air conditionné ne marchait pas très bien, à peine dans la moitié de la classe. Comme si cela ne suffisait pas, les tôles utilisées pour les copeaux étaient rayées et la raclette à pâtisserie ébréchée. J'avais mis pourtant au congélateur, les tôles avec le chocolat, mais celui-ci s'amollissait dès que je les en sortais pour les apporter sur le plan de travail de démonstration. À force de les remettre patiemment au congélateur et en allant très vite pour racler le chocolat, je réussis enfin à faire des copeaux un peu petits mais acceptables. Avec soulagement je levai les yeux et vis dans le fond de la classe, un visage connu et amical qui me souriait d'un air approbateur. C'était la « doyenne des copeaux de chocolat », Maida Heatter, qui venait d'arriver pour m'inviter à déjeuner !

J'ai inclus dans ce chapitre, des tartes à la crème et à la crème aux œufs qui, comme les tartes au chocolat, demandent un peu plus de préparation que la plupart des autres créations de ce livre. Mais ce sont les préférées de ma famille et elles valent certainement la peine qu'on leur consacre un peu plus de temps.

Le Chocolat et les Crèmes

Cette tarte est délicieuse même si avec ses curieux copeaux de chocolat, elle présente un aspect inhabituel.

Comme je l'ai dit, le travail du chocolat est parfois ingrat. Lorsque je préparai cette tarte il me fut impossible d'obtenir les grands copeaux bien enroulés que je voulais. Le chocolat s'obstinait à donner des petites spirales serrées ou au contraire, des larges éventails. Je persévérai cependant et gardai tous mes copeaux aux formes inhabituelles.

Je fis une croûte de tarte de 22 cm en simple pâte brisée, avec des bords assez hauts. Je préparai la mousse au chocolat et emplis la tarte. Au moment de servir, je disposai sur la mousse, les curieux « copeaux » qui firent de la tarte cette sombre architecture asymétrique qui me plut assez.

Plusieurs facteurs contribuèrent à mon incapacité à produire le genre de copeaux indiqués page 159. Je n'avais que des petites tôles pour étaler le chocolat fondu, quelqu'un m'avait emprunté mon racloir habituel et celui dont je dus me servir était trop petit et trop mince ; le chocolat avait trop refroidi et je n'avais pas attendu qu'il fût assez amolli avant de faire les copeaux.

Avec de la pratique et de la patience, on arrive à fabriquer des copeaux sans trop de difficulté. Mais ne vous désespérez pas s'ils ne sont pas parfaits. Le résultat, comme ici, peut être aussi bon et même tout à fait surprenant.

Tarte Sculpture à la Mousse au Chocolat

L A R E C E T T E

Pour une tarte de 22 cm

1 CROÛTE DE 22 CM EN PÂTE BRISÉE (PAGE 198) AUX BORDS ASSEZ HAUTS, DÉJÀ CUITE ET REFROIDIE

350 G DE CHOCOLAT NOIR, QUALITÉ AMÈRE, COUPÉ MENU
4 CUILLERÉES À SOUPE D'EAU
5 JAUNES LÉGÈREMENT BATTUS
7 BLANCS D'ŒUF
1 PINCÉE DE SEL

POUR DÉCORER : DES COPEAUX DE CHOCOLAT (PAGE 158)

1. Faire fondre le chocolat avec l'eau au bain-marie ou dans le four à peine chaud : 90°. Lorsqu'il est fondu, retirer du feu, ajouter les jaunes d'œuf et mélanger jusqu'à obtention d'un mélange homogène. Laisser refroidir presque complètement.
2. Battre les blancs en neige avec le sel et les incorporer rapidement mais délicatement dans le mélange précédent. Répartir la mousse dans la croûte de tarte et mettre au réfrigérateur pendant au moins 3 heures.
3. Décorer avec les copeaux de chocolat. Garder au réfrigérateur jusqu'au moment de servir.

Copeaux, Écorce et Paille de Chocolat

1. Faire fondre du chocolat (noir ou blanc) coupé en petits morceaux, dans un bol en verre placé dans le four, à très basse température (90° pour le chocolat noir, 35° pour le blanc). On peut aussi mettre le chocolat noir à fondre au bain-marie, sur de l'eau tout juste frémissante*. Lorsqu'il est fondu, mélanger pour obtenir une crème lisse. Avec un racloir ou une grande spatule, étaler le chocolat également sur une tôle à pâtisserie épaisse et bien plane. J'utilise des plaques d'aluminium épais ou d'acier inoxydable, sans rebords ou avec des rebords très bas. Les très grands copeaux se font sur des grandes plaques. Le chocolat doit être étalé en couches extrêmement minces, tout en restant opaque ; si la couche est trop épaisse, les copeaux refusent de se rouler. Mettre au réfrigérateur ou au congélateur pour qu'il durcisse.

2. Retirer la plaque du réfrigérateur. Avec un racloir en métal bien tranchant, maintenu à un angle de 45°, racler le chocolat qui se roulera en même temps. Répéter l'opération de manière à enlever tout le chocolat de la tôle. Mettre les copeaux au réfrigérateur ou au congélateur jusqu'au moment de l'utilisation.

3. La température du chocolat au sortir du réfrigérateur déterminera en grande partie, la nature de vos copeaux. S'il est très froid, le chocolat va se diviser sous la raclette et vous obtiendrez de la « paille ». Si le chocolat est un peu moins froid, il donnera des « cigarettes ». Et s'il approche de la température de la pièce (ou si le doigt y laisse une empreinte), vous aurez des larges éventails ondulés qui peuvent être utilisés comme « écorce ». Les copeaux obtenus dépendront aussi de la manière dont vous raclez le chocolat. Rappelez-vous simplement que seule la pratique vous permettra de faire des copeaux parfaits.

* NOTE : si le chocolat chauffe trop, il devient granuleux et terne. Vous pourrez cependant lui redonner son brillant et son onctuosité en lui ajoutant une cuillerée à café de beurre clarifié ou de margarine végétale.

À droite : *des copeaux de chocolat blanc et noir et des copeaux « marbrés », obtenus en versant du chocolat blanc et du chocolat noir sur la plaque, en le lissant avec la raclette puis en procédant comme pour les autres copeaux.*

Le chocolat est étalé le plus également possible, en utilisant un racloir à pâtisserie.

Le chocolat blanc est raclé de la plaque avec un racloir.

LE CHOCOLAT ET LES CRÈMES

Chaque année, à la Saint-Valentin, nous organisons un repas très spécial chez Susan et Tony Victoria, à New York. Les invités sont « cœur-dialement » invités à déguster canapés divers et desserts en forme de cœur et chaque année me pose le même défi : établir un menu qui corresponde à ce thème. Preque tous les plats, salés ou sucrés, sont en forme de cœur. Je fis une exception cette année, avec un immense « bouquet » de ces tartelettes en « œillets blancs » comestibles, mélangées à de vraies fleurs, œillets rouge sombre, roses rouges et roses et freesias blancs. Le bouquet fut exposé à plat sur la table des desserts et enrubanné à profusion de satin. Les invités furent surpris par l'effet de trompe-l'œil et encore plus intrigués quand ils goûtèrent le délicieux mélange de chocolat blanc et de café.

C'est mon amie Mariana Pasternak, émigrée de Roumanie, qui me donna l'idée de cette combinaison délicieuse de chocolat blanc et de café moka. Elle me fit observer que le chocolat blanc est si sucré qu'il faut le relever par un autre parfum, le moka ou café très fort étant son préféré. Du café instantané « expresso » est incorporé à la crème fouettée bien ferme qui garnit cette tarte. Des petits copeaux de chocolat blanc aux bords dentelés qui ressemblent beaucoup aux pétales d'œillet, sont piqués dans la crème de façon irrégulière. Le tout ressemble à une décoration florale.

Tartelettes « Œillets » au Chocolat Blanc et au Moka

L A R E C E T T E

Pour 10 tartelettes de 9 cm, à hauts bords

10 CROÛTES DE TARTELETTES DE 9 CM, À HAUTS BORDS EN PÂTE BRISÉE (PAGE 198), DÉJÀ CUITES ET REFROIDIES

1 DL DE CRÈME FRAÎCHE
2 CUILLERÉES À CAFÉ DE CAFÉ INSTANTANÉ « EXPRESSO » EN POUDRE
2 CUILLERÉES À SOUPE DE SUCRE GLACE
POUR DÉCORER : DES COPEAUX DE CHOCOLAT BLANC (PAGE 158)

1. Avec un fouet à main ou électrique, fouetter la crème jusqu'à ce qu'elle épaississe. Ajouter peu à peu le café en poudre et le sucre glace et continuer à fouetter pour obtenir une crème bien ferme. Attention à ne pas fouetter trop longtemps pour ne pas faire tourner la crème en beurre, ce qui peut arriver rapidement avec un batteur électrique.

2. Répartir également la crème fouettée dans les croûtes de tartelettes et terminer en piquant dedans des petits copeaux de chocolat blanc, en les disposant comme des pétales d'œillet. Mettre au réfrigérateur jusqu'au moment de servir, au moins 3 heures.

Ci-dessus : *deux tartelettes « œillets », sur une jolie assiette verte octogonale en verre des années 1930, ornée d'un brin de bruyère fraîche.*

À droite : *des tartelettes « œillets blancs » dans un panier à riz japonais, décoré de roses blanches et de freesias.*

Tartelettes au Chocolat Victoria

Il y a des années que je fais des tartelettes à la crème Victoria au chocolat. La garniture de ces tartes minuscules et délectables est simplement composée de chocolat très fin, mélangé à du sucre et de la crème fraîche. Les ingrédients sont chauffés doucement pour former une crème onctueuse puis la garniture est répartie avec précaution dans les croûtes de tartelettes aussi fines que du papier à cigarettes, et le tout est mis au réfrigérateur. La Victoria au chocolat épaissit au froid mais garde son aspect satiné et son velouté.

J'utilise une simple pâte brisée pour les croûtes de tartelettes, en faisant très attention de n'abaisser qu'une petite quantité à la fois et de l'étaler extrêmement mince. Si la pâte est à la bonne consistance, ce qu'on obtient par la pratique, les croûtes de tartelettes seront ainsi très fines et très tendres, tout en étant assez solides pour supporter la garniture sans s'effriter ou se casser.

Je fais différentes formes et différentes tailles de tartelettes, minuscules ou un peu plus grandes. On peut les servir comme desserts à manger avec les doigts ou sur une assiette, avec une fourchette à gâteau.

L A R E C E T T E

Pour 12 tartelettes de 10 cm

12 CROÛTES DE TARTELETTES DE 10 CM EN PÂTE BRISÉE (PAGE 198), DÉJÀ CUITES ET REFROIDIES

225 G DE CHOCOLAT NOIR COUPÉ EN PETITS MORCEAUX

70 G DE SUCRE CRISTALLISÉ

4 DL DE CRÈME FRAÎCHE

POUR DÉCORER : DE LA CRÈME FOUETTÉE

DES VIOLETTES EN SUCRE (FACULTATIF)

1. Pour la garniture : faire fondre le chocolat avec le sucre au bain-marie, en tournant sans arrêt, pour obtenir une crème lisse. Ajouter la crème fraîche et continuer à tourner pendant 8 à 10 minutes, jusqu'à ce que le mélange épaississe. Laisser complètement refroidir avant de remplir les croûtes de tartelettes, sans cependant laisser durcir. Pour que la garniture prenne, mettre au réfrigérateur au moins 4 heures, si possible toute la nuit.
2. Décorer avec de la crème fouettée, avec une poche à douille munie d'une douille striée ou non et garnir avec des violettes en sucre. Mettre au réfrigérateur jusqu'au moment de servir mais pas plus de 2 heures, pour éviter que la crème fouettée ne tourne en eau.

Page de gauche : *nous avons photographié ces tartelettes raffinées, posées sur un bureau ancien en rotin, dans un coin ensoleillé du porche. Le rebord du bureau est piqué de narcisses, d'œillets, d'iris, de gueules-de-loup blancs et de lierre. J'ai trouvé les assiettes en opaline blanche il y a bien des années, dans une vente locale.*

Tarte Black-Bottom Blanche et Noire

Depuis bien des années, ma mère et moi, nous faisons cette tarte qui était la préférée de mon père. C'est une tarte à l'ancienne garnie d'une crème aux œufs, avec de la crème fouettée et du chocolat. Pour la confectionner, nous utilisions une croûte de tarte ronde avec de la crème fouettée étalée à la spatule et le chocolat simplement râpé sur le dessus. Aujourd'hui, je la fais avec des formes variées, ma préférée étant celle en cœur, la crème fouettée est posée à la poche à douille sur la crème au chocolat et décorée de « paille » de chocolat, une variante des copeaux.

Il y a peu de temps, j'ai donné un dîner en l'honneur de Joe Allen, le grand astronaute américain, et sa femme Bonnie. J'ai servi des tartes blanches à fond noir aux quatorze invités, dont faisait partie le chef Roger Vergé. Celui-ci me dit que la tarte était en fait un bavarois au rhum et au chocolat. Ma mère et moi, n'étant pas françaises, nous n'aurions jamais imaginé que notre tarte familière était un dessert classique français...

Cette tarte se fait en trois étapes. Tout d'abord, le fond de la croûte est recouvert de crème au chocolat noir (ci-dessus). *Puis une crème aux œufs parfumée au rhum est étalée sur la première couche* (ci-dessus, à droite). *Enfin, la crème fouettée est posée à la poche à douille, avec une douille ovale, sur toute la surface. La tarte terminée est décorée avec de la « paille » de chocolat.*

L A R E C E T T E

Pour une tarte en forme de cœur de 23 cm

1 CROÛTE DE TARTE EN FORME DE CŒUR DE 23 CM, EN PÂTE BRISÉE (PAGE 198), DÉJÀ CUITE ET REFROIDIE

150 G DE SUCRE CRISTALLISÉ
4 CUILLERÉES À CAFÉ DE MAÏZENA
1 DL DE LAIT FROID
3 DL DE LAIT BOUILLANT
4 ŒUFS, LES BLANCS SÉPARÉS DES JAUNES
50 G DE CHOCOLAT NOIR FONDU
2 CUILLERÉES À CAFÉ D'EXTRAIT DE VANILLE
1 FEUILLE DE GÉLATINE
4 CUILLERÉES À SOUPE D'EAU FROIDE
1 CUILLERÉE À SOUPE DE RHUM
$^1/_4$ DE CUILLERÉE À CAFÉ DE SEL
2 DL DE CRÈME FRAÎCHE

POUR DÉCORER : DE LA « PAILLE » DE CHOCOLAT (PAGE 158)

1. Dans une casserole à fond épais, dissoudre 100 g de sucre et la maïzena dans le lait froid. Incorporer le lait bouillant, poser sur le feu et laisser 3 minutes en tournant sans arrêt. Puis placer le tout au bain-marie.

2. Battre les jaunes d'œuf dans un bol et leur ajouter 3 cuillerées à soupe du mélange de la casserole (ceci évitera aux jaunes d'œuf de coaguler en les versant dans le reste du lait bouillant de la casserole). Reverser le tout dans la casserole et cuire au bain-marie frémissant, pendant 3 ou 4 minutes, en tournant sans arrêt, jusqu'à ce que le mélange épaississe. Retirer du feu et mettre 2 dl de la crème dans un bol. Lui incorporer le chocolat fondu et la vanille et mettre de côté pour laisser complètement refroidir avant de l'étaler également dans la croûte de tarte et de mettre au réfrigérateur.

3. Pendant ce temps, faire tremper la gélatine dans l'eau froide, dans une petite casserole pendant 5 minutes, la tiédir à peine et l'ajouter à travers une passoire fine au reste de crème aux œufs bouillante. Incorporer le rhum et laisser refroidir jusqu'au moment ou le mélange commence tout juste à prendre.

4. Battre les blancs d'œuf avec le sel en neige très ferme. Ajouter peu à peu le sucre restant, puis mélanger à la crème aux œufs à la gélatine. Étaler le tout sur la crème au chocolat. Mettre au réfrigérateur jusqu'au moment où la crème est prise.

5. Fouetter la crème fraîche jusqu'à ce qu'elle soit bien ferme et l'étaler à la poche à douille (douille ovale) sur la crème aux œufs. Décorer avec de la « paille » de chocolat. Mettre au réfrigérateur jusqu'au moment de servir.

Tarte au Fudge avec Crème Anglaise et Sauce à l'Orange

L A R E C E T T E

Pour une tarte de 20 cm à hauts bords

UNE CROÛTE DE TARTE DE 20 CM, À HAUTS BORDS, EN PÂTE BRISÉE (PAGE 198), DÉJÀ CUITE ET REFROIDIE

150 G DE CHOCOLAT NOIR, COUPÉ EN TRÈS PETITS MORCEAUX

170 G DE BEURRE

300 G DE SUCRE CRISTALLISÉ

65 G DE FARINE

6 ŒUFS, LÉGÈREMENT BATTUS

Crème anglaise

pour environ 6 dl

$^1/_2$ LITRE DE LAIT

1 GOUSSE DE VANILLE

150 G DE SUCRE CRISTALLISÉ

6 JAUNES D'ŒUF

2 CUILLERÉES À CAFÉ DE MAÏZENA

2 CUILLERÉES À SOUPE DE COGNAC

Sauce à l'orange

pour environ 1 dl

1 DL $^1/_2$ DE JUS D'ORANGE FRAIS PRESSÉ

2 CUILLERÉES À SOUPE DE GRAND MARNIER

200 G DE SUCRE CRISTALLISÉ

1 CUILLERÉE À SOUPE DE ZESTE D'ORANGE RÂPÉ

1. Préchauffer le four à 175°.

2. Pour la garniture : faire fondre le chocolat et le beurre ensemble au bain-marie, dans de l'eau à peine bouillante. Quand le tout est fondu, retirer du feu et mélanger intimement. Mettre de côté à refroidir.

3. Mettre le sucre, la farine et les œufs dans une jatte et fouetter pour obtenir un mélange homogène. Incorporer le mélange chocolat-beurre. Verser la garniture dans la croûte de tarte et mettre au four environ 1 heure $^1/_4$, la garniture doit être prise. Laissez refroidir.

4. Pour la crème anglaise : faire bouillir le lait avec la gousse de vanille pendant 1 minute ou 2. Retirer la vanille. Avec un batteur électrique, fouetter les jaunes d'œuf et le sucre ensemble, jusqu'à ce qu'ils blanchissent et deviennent mousseux. Ajouter la maïzena. Battre plus lentement et ajouter peu à peu le lait bouilli. Verser le mélange dans une casserole émaillée à fond épais. Chauffer sur feu doux, en tournant sans arrêt. La sauce doit épaissir légèrement et devenir crèmeuse. (Ne pas laisser bouillir.) Retirer du feu et laisser refroidir. Mettre au réfrigérateur jusqu'à utilisation.

5. Pour la sauce à l'orange, mélanger jus d'orange, Grand Marnier et sucre dans une casserole à fond épais et chauffer sur feu doux, en tournant sans arrêt, jusqu'à ce que le mélange soit épais et sirupeux et réduit de moitié. Retirer du feu, incorporer le zeste râpé et laisser refroidir.

Cette tarte au fudge* au chocolat est très dense et très onctueuse et devrait plaire à tous les vrais amateurs de chocolat. Pour la photographie, nous avons cuit la garniture dans une croûte de tarte à bords très hauts (4 cm). La garniture étant très épaisse, il faut plus d'une heure pour la cuire. Le milieu de la tarte est alors très mou mais le pourtour bien pris et le dessus croustillant.

Les deux sauces, une crème anglaise liquide et une sauce à l'orange plus épaisse, sont servies avec la tarte. Pour la présenter de façon originale, je verse tout d'abord la crème anglaise dans l'assiette autour de la part de tarte puis la sauce à l'orange en rubans, dans la crème anglaise.

* Le fudge est une sorte de fondant américain.

À gauche : *la sauce à l'orange dessine des arabesques dans la crème anglaise autour de ce dessert très riche.*

Tarte Marbrée aux Deux Chocolats

On trouve souvent dans les vieux livres reliés en cuir, des magnifiques pages de garde en papier marbré, faites à la main, que rappelle de façon frappante cette tarte, garnie de crème au chocolat Victoria marbrée de chocolat blanc très facile à faire.

Le chocolat blanc est difficile à travailler et, à mon goût, souvent trop douceâtre. Il vaut mieux l'utiliser avec modération, comme dans cette recette, ou en copeaux et en feuilles.

C'est tout à fait par hasard que j'ai découvert la meilleure façon de faire fondre le chocolat blanc. Un jour où il faisait très chaud dans notre cuisine, une demi-livre de chocolat blanc, restée par erreur près du feu, avait complètement fondu dans son emballage. Je l'enlevai du papier juste à point, parfaitement lisse et fondu. Désormais, pour fondre du chocolat blanc, je le casse en petits morceaux, le pose dans un bol en verre et le couvre avec un film plastique pour éviter qu'il se dessèche. Je le place ensuite dans un endroit très chaud (30 à 35°) mais ni dans un four chaud, ni au-dessus d'eau bouillante. De cette façon, le chocolat blanc fond régulièrement, sans devenir granuleux ou huileux.

Autour de cette tarte, servie sur un plateau en bois de rose reluisant, des feuilles en chocolat moulées sur des feuilles de lierre et de citronnier, font une décoration comestible.

L A R E C E T T E

Pour une tarte de 20 cm

UNE CROÛTE DE TARTE DE 20 CM EN PÂTE BRISÉE (PAGE 198), CUITE À BLANC ET REFROIDIE

120 G DE CHOCOLAT BLANC
3 CUILLERÉES À SOUPE DE CRÈME FRAÎCHE ÉPAISSE

GARNITURE AU CHOCOLAT VICTORIA (PAGE 163)

POUR DÉCORER : DES FEUILLES EN CHOCOLAT (PAGE 171)

1. Pour faire fondre le chocolat blanc, le casser en petits morceaux, le poser dans un bol en verre, couvrir d'un film plastique et placer dans un endroit très chaud (un four à 35° convient très bien) jusqu'à ce qu'il soit ramolli. Remuer le chocolat pour le rendre lisse, ajouter la crème et bien mélanger. Mettre de côté.

2. Répartir la crème Victoria dans la croûte de tarte. Verser le chocolat blanc fondu en filet sur la garniture et avec un couteau pointu, enfoncer le chocolat blanc dans le noir pour donner un effet marbré. Mettre la tarte au réfrigérateur jusqu'à ce que la garniture soit prise, si possible toute la nuit. On peut décorer avec des feuilles en chocolat.

Feuilles en Chocolat

Page ci-contre : *chocolat blanc et chocolat noir cassé en très petits morceaux, avant d'être fondu.*
À gauche : *les feuilles sont nappées de chocolat fondu avec un pinceau à pâtisserie.*

1. Mettre le chocolat cassé en petits morceaux (chocolat noir, qualité amère ou chocolat blanc) dans un bol et le placer dans un four très doux (90° pour le chocolat noir, 35° pour le chocolat blanc). On peut aussi faire fondre le chocolat noir au bain-marie, dans de l'eau tout juste frémissante. Tourner le chocolat jusqu'à ce qu'il soit lisse et assez liquide.

2. Choisir des feuilles parfaites, sur des arbres ou des buissons, ou les acheter chez un fleuriste. Dans les illustrations, on peut voir des feuilles de citronnier et de lierre, j'aime aussi utiliser le houx, l'érable et le hêtre. Des feuilles épaisses et vernies se tiendront mieux que des feuilles minces. Avec un pinceau à pâtisserie, appliquer le chocolat sur le côté brillant de la feuille. Travailler rapidement avec quelques coups de pinceau seulement. Couvrir la totalité de la feuille, en faisant bien attention à ne pas toucher au dessous ; il est difficile de dégager la feuille de chocolat en un seul morceau si le bord n'est pas parfaitement net. Le chocolat noir ne demande qu'une couche, le chocolat blanc plus fin réclame deux ou trois couches. Il faut surtout bien mettre les feuilles au réfrigérateur entre chaque couche, jusqu'à ce que le chocolat ait complètement durci. Une fois terminées, placer délicatement les feuilles nappées de chocolat sur une tôle recouverte de papier sulfurisé et mettre au congélateur ou au réfrigérateur jusqu'à ce que le chocolat soit complètement durci.

3. Sortez les feuilles nappées du réfrigérateur l'une après l'autre pour les séparer avec délicatesse de leur support végétal. Plus la feuille est grande, plus il est difficile de la retirer entière. Après avoir détaché une feuille en chocolat, la mettre immédiatement au réfrigérateur, sur une tôle recouverte de papier sulfurisé. On peut ensuite les garder indéfiniment au congélateur.

Tarte Quadrillée aux Noix de Pécan et au Chocolat

On peut faire des merveilles avec de la pâte brisée. Les croûtes de tarte recherchées, décorées de feuilles en pâte ou de tresses, aux bords pincés artistiquement, au dessus quadrillé, sont très amusantes à confectionner même si elles réclament plus de temps que les tartes toutes simples. Une fois que l'on sait bien faire la pâte brisée, le matériel nécessaire se réduit à une planche farinée, un bon rouleau, un couteau aiguisé et une ou deux roulettes à pâtisserie.

On peut trouver la tarte aux noix de pécan et au chocolat trop sucrée. On pallie cet inconvénient en la recouvrant de bandelettes de pâte tissées en quadrillage et de plus, la tarte classique devient alors particulièrement raffinée.

L A R E C E T T E

Pour une tarte de 28 cm, avec quadrillage de pâte sur le dessus

**UN FOND DE TARTE DE 28 CM EN PÂTE BRISÉE (PAGE 198),
PLUS ASSEZ DE PÂTE POUR FAIRE LE QUADRILLAGE DU DESSUS, BIEN FROIDE**

90 G DE CHOCOLAT NOIR EN PETITS MORCEAUX
40 G DE BEURRE
130 G DE SUCRE
3 ŒUFS
1 CUILLERÉE À CAFÉ D'EXTRAIT DE VANILLE
110 G DE NOIX DE PÉCAN GROSSIÈREMENT HACHÉES
2 DL DE SIROP DE MAÏS

**POUR DÉCORER : DES FEUILLES EN CHOCOLAT (PAGE 171)
DES MOITIÉS DE NOIX DE PÉCAN**

1. Faire fondre le chocolat et le beurre au bain-marie dans un bol en verre, à four très doux (90°). Mélanger et mettre de côté.

2. Dans une casserole moyenne à fond épais, mélanger le sucre et le sirop de maïs et tourner pour dissoudre en partie le sucre. Porter à ébullition, baisser le feu et laisser frémir pendant deux minutes, en tournant sans arrêt à la cuiller en bois. Retirer du feu.

3. Mettre les œufs dans une jatte et les battre avec une fourchette. Incorporer le mélange chocolat-beurre, ajouter le sirop et bien mélanger. Incorporer la vanille et les noix de pécan hachées. Laisser refroidir complètement.

4. Préchauffer le four à 200°.

5. Pendant que la garniture refroidit, confectionner le dessus quadrillé. Étaler la pâte sur 3 mm d'épaisseur au plus. Avec une roulette à pâtisserie, découper des bandelettes de 1,25 cm de large. En travaillant sur une feuille de papier sulfurisé, tisser aussi serré que possible les bandelettes de pâte. Le quadrillage doit mesurer 30 × 30 cm, sans espace entre les bandelettes. Poser sur le tout une autre feuille de papier sulfurisé et mettre au réfrigérateur jusqu'à utilisation.

6. Verser la garniture sur le fond de tarte bien froid, en répartissant également les noix de pécan. Retirer le quadrillage du réfrigérateur, et en laissant les deux feuilles de papier en place, le plier en deux. Tout en maintenant soigneusement le quadrillage, retirer la feuille de papier extérieure. Placer alors la quadrillage sur la moitié de la tarte et le déplier avec précaution, pour recouvrir la garniture. Retirer doucement le papier du dessus. Avec les pouces ôter la pâte et le quadrillage en surplus.

7. Mettre au four pendant 20 minutes, à 200°, puis baisser la température à 175° et cuire jusqu'à ce que la pâte soit bien dorée et la garniture prise, pendant encore environ 25 minutes. Servir à la température de la pièce, décoré de feuilles en chocolat et de moitiés de noix de pécan.

À gauche : *les bandelettes de pâte sont tissées en un quadrillage serré, sur un papier sulfurisé qui permet de le manipuler plus facilement.*

Ci-dessous : *la tarte terminée, décorée de feuilles de chocolat et de noix de pécan, est servie sur un ancien panier à riz japonais.*

Tartelettes à la Crème Brûlée

Pour ces croûtes de tartelettes, j'ai utilisé des moules en étain en forme de cœur. Les croûtes sont garnies de crème brûlée. Les tartes sont exposées sur des étagères, à l'intérieur d'une ancienne pendule à balancier.

La crème brûlée, ce dessert traditionnel du Sud, redevient très populaire depuis quelques années. Ceci est dû en grande partie à l'imagination des chefs californiens. Parfumée au gingembre frais, à la cardamome et autres épices, ou encore mélangée à des fruits ou des petits fruits, cuite dans des moules à bord cannelé ou dans des croûtes croustillantes, la crème brûlée s'est parée d'un charme nouveau.

La tarte à la crème brûlée que je préfère est celle de Jams, l'un des meilleurs restaurants de New York. La recette qui suit est une adaptation de celle du chef James Brinkley. Elle est délicieuse avec du gingembre frais, mais je l'aime aussi beaucoup nature.

Le dessus de la crème brûlée peut être de sucre blanc cristallisé ou de sucre brun. Pour caraméliser le sucre, j'utilise un chalumeau à gaz. Le sucre blanc donne une surface plus brillante et plus lisse. Le chalumeau est aussi très utile pour découper des gâteaux ou des tartes : il suffit de passer la lame d'un couteau bien aiguisé dans la flamme avant de couper chaque part, pour qu'il s'enfonce sans problème dans une croûte caramélisée un peu dure ou dans une dacquoise qui s'effrite.

LA RECETTE

Pour 12 tartelettes de 8 cm

12 CROÛTES DE TARTELETTES DE 8 CM EN PÂTE BRISÉE (PAGE 198), DÉJÀ CUITES ET REFROIDIES

4 DL DE CRÈME FRAÎCHE

1 GOUSSE DE VANILLE

4 JAUNES D'ŒUF LÉGÈREMENT BATTUS ET PASSÉS

50 G DE SUCRE CRISTALLISÉ

20 G DE BEURRE FERME, COUPÉ EN PETITS MORCEAUX

ENVIRON 50 G DE SUCRE CRISTALLISÉ POUR CARAMÉLISER

1. Pour faire la crème brûlée, mettre la crème fraîche et la gousse de vanille dans une casserole à fond épais et porter à ébullition. Baisser le feu et laisser frémir pendant 5 minutes, en tournant une ou deux fois. Mettre de côté.

2. Mettre les jaunes d'œuf dans une casserole au bain-marie et fouetter jusqu'à ce qu'ils blanchissent et deviennent mousseux. Le mélange doit épaissir mais sans faire de grumeaux, le bain-marie ne doit jamais être trop chaud. Tout en tournant sans arrêt, incorporer la crème fraîche, en la passant à travers une passoire. Continuer à cuire au bain-marie environ 10 minutes, jusqu'à ce que le mélange épaississe et nappe le dos de la cuillère en bois. Attention à ne pas trop cuire, pour ne pas faire tourner la crème. Retirer du feu et incorporer rapidement le beurre, en fouettant. Couvrir d'un film plastique et laisser refroidir à la température de la pièce.

3. Répartir la crème aux œufs dans les croûtes de tartelettes et mettre au réfrigérateur au moins 4 heures, la crème brûlée doit être prise.

4. Juste avant de servir, saupoudrer un peu de sucre cristallisé sur le dessus de chaque tartelette et caraméliser. J'utilise pour cela un chalumeau à gaz, type camping-gaz, porté à faible puissance. Pour éviter de brûler la croûte, placer une bande de papier d'aluminium sur le pourtour et le retirer aussitôt après avoir caramélisé le sucre. On peut aussi glisser les tartelettes sous le gril du four.

VARIANTES : la crème brûlée est si délicieuse et possède une saveur si délicate qu'elle se marie parfaitement avec d'autres ingrédients. Vous pouvez la verser sur des fines lamelles de pommes sautées et mettre au frais, ou la servir avec n'importe quel petit fruit. Vous pouvez également lui incorporer 2 cuillerées à soupe d'écorce d'orange confite (page 101). Les épices s'associent aussi très bien à son parfum délicat : essayez une demi-cuillerée à café de muscade fraîchement râpée ou de macis. Le restaurant Jams, à New York, fait une délicieuse crème brûlée au gingembre frais, épluché et réduit en poudre, cuit avec la crème fraîche et la vanille.

Les tartelettes sont saupoudrées de sucre que je caramélise au chalumeau à gaz, ce qui donne un dessus croquant et brillant.

La crème fouettée sur le dessus de cette succulente tarte à la noix de coco, est posée à la poche à douille munie d'une douille striée. La tarte est servie sur un plateau en merisier.

Cette tarte est garnie avec une crème à la noix de coco à l'ancienne. La crème fouettée du dessus qui, dans les recettes plus traditionnelles, est montée en dôme sur la garniture, a été, ici, posée à la poche à douille. J'utilise, pour la garniture, de la noix de coco fraîchement râpée et pour décorer le dessus, des copeaux de noix de coco fraîche.

On peut se procurer des noix de coco fraîches presque toute l'année. Choisir des noix de coco entières, bien lourdes et bien pleines. Percer un ou deux des « yeux », avec un tire-bouchon ou une pique à glace et verser le lait dans un verre. Mettre la noix de coco sur une tôle à pâtisserie, dans un four à 175° et cuire environ 12 à 15 minutes, jusqu'à ce que la coque se fende. Retirer du four, casser la noix et avec la pointe d'un couteau pointu, décoller la chair de l'écorce. Ôter la peau marron de la chair blanche, râper la pulpe pour la garniture et avec un couteau économe, faire des copeaux pour décorer.

Tarte à la Noix de Coco

LA RECETTE

Pour une tarte de 29 cm

UNE CROÛTE DE TARTE DE 29 CM EN PÂTE BRISÉE (PAGE 198), DÉJÀ CUITE ET REFROIDIE

200 G DE SUCRE CRISTALLISÉ
8 CUILLERÉES À SOUPE DE MAÏZENA
$^1/_2$ CUILLERÉE À CAFÉ DE SEL
9 DL DE LAIT BOUILLANT
8 JAUNES D'ŒUF LÉGÈREMENT BATTUS
2 CUILLERÉES À CAFÉ D'EXTRAIT DE VANILLE
140 G DE NOIX DE COCO FRAÎCHEMENT RÂPÉE (OU DE LA POUDRE DE NOIX DE COCO)
30 G DE BEURRE
2 DL DE CRÈME FRAÎCHE

POUR DÉCORER : DES COPEAUX DE NOIX DE COCO FRAÎCHE

1. Dans une casserole à fond épais, mélanger le sucre, la maïzena et le sel. Ajouter le lait bouillant et mélanger. Poser sur feu moyen, en tournant sans arrêt, pendant 5 à 7 minutes, jusqu'à ce que le mélange épaississe. Mettre la casserole au bain-marie.

2. Battre les jaunes d'œuf avec 4 cuillerées à soupe de lait bouillant et bien mélanger. Verser dans le reste du lait et cuire au bain-marie frémissant, jusqu'à ce que la crème soit lisse et épaisse. Retirer du feu, ajouter la vanille, la noix de coco et le beurre. Verser le tout dans la croûte de tarte et mettre au réfrigérateur jusqu'à ce que la crème soit bien prise.

3. Fouetter la crème jusqu'à ce qu'elle soit bien ferme et la poser sur la garniture bien froide, avec une poche à douille munie d'une douille striée. Décorer avec des copeaux de noix de coco fraîche et mettre au réfrigérateur jusqu'au moment de servir.

NOTE : cette recette peut être divisée par deux pour faire une tarte plus petite (20 à 23 cm).

Rien ne vaut un bon riz au lait pour se réconforter. Chaque fois que Andy, mon mari, et moi-même, nous devons accomplir quelques tâches déplaisantes, comme établir notre déclaration d'impôts ou nettoyer le sous-sol, je fais du riz au lait ou des tartelettes au riz pour nous aider dans ces moments difficiles. Servies avec un verre de lait ou une bonne tasse de thé, ces tartelettes sont réconfortantes, délicieuses et nourrissantes.

On peut faire le riz au lait à l'avance et se contenter d'en garnir les tartelettes avant de les mettre au four, à la dernière minute. Je leur ajoute des pruneaux ou des raisins secs. Pour varier, on peut supprimer les pruneaux et ajouter au riz le zeste râpé d'un citron.

Par un dimanche après-midi de neige, alors que mon mari était en train d'étudier une analyse de revenus pour sa compagnie d'édition, Beth Galton, notre photographe, prit une photo de sa table jonchée de papiers, juste au moment où je servais des tartelettes au gâteau de riz. Les assiettes octogonales à bord vert sont en faïence ancienne de Wedgwood.

Tartelettes au Riz, Pruneaux et Raisins Secs

LA RECETTE

Pour 6 tartelettes de 12 cm

6 CROÛTES DE TARTELETTES DE 12 CM EN PÂTE BRISÉE (PAGE 198), DÉJÀ CUITES À DEMI ET REFROIDIES

190 G DE RIZ LONG

2 DL DE LAIT

2 ŒUFS ENTIERS + 2 JAUNES LÉGÈREMENT BATTUS

50 G DE SUCRE CRISTALLISÉ

4 CUILLERÉES À SOUPE DE RAISINS SECS

2 DL DE CRÈME FRAÎCHE

1 PINCÉE DE SEL

$^1/_2$ CUILLERÉE À CAFÉ D'EXTRAIT DE VANILLE

1 CUILLERÉE À SOUPE DE KIRSCH (FACULTATIF)

3 PRUNEAUX DÉNOYAUTÉES ET PARTAGÉS EN DEUX

1. Mettre le riz dans une casserole épaisse, couvrir d'eau et porter à ébullition. Baisser le feu, couvrir et cuire environ 20 minutes, jusqu'à ce que le riz soit presque cuit. Retirer du feu et égoutter.

2. Incorporer le lait au riz et cuire à feu doux environ 20 à 25 minutes, jusqu'à ce que le mélange soit épaissi et le riz très cuit. Retirer du feu.

3. Préchauffer le four à 175°.

4. Ajouter le reste des ingrédients (sauf les pruneaux) au riz et bien mélanger. Répartir le mélange dans les croûtes de tartelettes (environ 12 cuillerées à soupe rases par tartelette), poser dessus un demi-pruneau, au centre. Cuire au four environ 30 minutes, la garniture doit être ferme et dorée. Servir chaud ou à la température de la pièce.

Tarte au Petit-Lait ou Lait Ribot

La tarte au petit-lait ou lait ribot est croustillante, dorée et légère comme une plume.

Lorsque nous organisons un grand dîner à thème mexicain ou texan-mexicain avec un buffet offrant des quesadillas, des nachos, des fajitas, du maïs au piment, des viandes grillées, du serviche, etc., nous servons souvent pour le dessert, la tarte au lait aigre (ou lait ribot), accompagnée par des fruits frais. La garniture en est riche (en beurre et en sucre) mais elle est aussi légère, veloutée et parfumée. Le goût un peu aigre du petit-lait, rehaussé par le jus et le zeste de citron et la muscade, atténue la richesse des autres ingrédients et donne une tarte surprenante et inhabituelle.

Cette tarte en pâte brisée est cuite dans un moule hexagonal ancien que j'ai trouvé dans une vente il y a bien des années. Le rebord de ce moule est très large et parfait pour y appliquer les feuilles en pâte qui décorent le pourtour de la tarte (voir page 204 pour les explications détaillées).

La croûte cuite avec cette garniture est bien meilleure. Il est possible que cela soit dû au moule utilisé, mais je pense que, plus probablement, le beurre et le lait de la garniture rendent la croûte encore plus tendre et plus croustillante et même plus dorée que d'habitude.

Le bord en feuilles est collé avec de l'eau froide et badigeonné au pinceau avec un mélange de jaune d'œuf et d'eau.

L A R E C E T T E

Pour une tarte de 21 cm

UN FOND DE TARTE DE 21 CM EN PÂTE BRISÉE (PAGE 198), BIEN FROIDE, PLUS DES FEUILLES EN PÂTE POUR LE REBORD DE LA TARTE

250 G DE SUCRE CRISTALLISÉ

3 CUILLERÉES À SOUPE DE FARINE

4 ŒUFS LÉGÈREMENT BATTUS

110 G DE BEURRE FONDU ET LÉGÈREMENT REFROIDI

2 DL DE LAIT AIGRE (OU PETIT-LAIT OU LAIT RIBOT)

LE ZESTE D'UN CITRON

1 CUILLERÉE À SOUPE DE JUS DE CITRON FRAIS PRESSÉ

1 CUILLERÉE À CAFÉ D'EXTRAIT DE VANILLE

DE LA MUSCADE FRAÎCHEMENT RÂPÉE (SELON GOÛT)

POUR DORER : 1 JAUNE D'ŒUF BATTU AVEC 2 CUILLERÉES À CAFÉ D'EAU

1. Préchauffer le four à 220°.
2. Coller les feuilles en pâte brisée sur le pourtour de la tarte avec de l'eau froide. Les badigeonner avec le mélange jaune + eau. Mettre au réfrigérateur pendant la préparation de la garniture.
3. Mélanger le sucre et la farine dans une terrine. Ajouter les œufs et bien mélanger. Incorporer le beurre et le lait aigre. Ajouter le zeste et le jus de citron, la vanille et la muscade et verser dans le fond de tarte. Placer la tarte au milieu du four pendant 15 minutes. Baisser la température à 175° et continuer la cuisson environ 40 minutes. La garniture doit être bien ferme. Retirer du feu et servir à la température de la pièce.

CHAPITRE 10

Lorsque toutes les photos de ce livre furent terminées, j'invitai mes amis pour célébrer l'événement, à un buffet de tartes, par un jour d'automne de l'année dernière. Sur le carton d'invitation, on pouvait lire : « A.V.T.P. », autrement dit, « Apportez Votre Tarte Personnelle ». Et chacun apporta, en même temps que sa gourmandise, sa tarte ou sa tourte préférée dans un panier. Plus de vingt-cinq desserts étaient exposés sur une grande table de grange. Le temps s'était mis de la partie, avec un chaud soleil et une légère brise. Les enfants couraient, les bébés marchaient à quatre pattes ici et là, s'arrêtant de temps à autre pour déguster une part. Sur une autre table en bois dans le jardin, étaient servis du thé glacé et du thé brûlant dans un service en argent.

Kathy Powell, qui aida à organiser l'après-midi, évita les « doublons » pour les tartes, grâce au téléphone et à son art de la persuasion. Toutes ces tartes offraient un spectacle ravissant, varié et coloré. Nous avions disposé sur la table un immense couvre-lit en chintz et ses teintes douces, un peu passées, en faisait un fond parfait pour les tartes et tourtes. J'en avais fait quelques-unes aux fruits et aux petits fruits, pour le plaisir, et bien sûr, à la demande de tous, ma tarte au citron meringuée Himalaya.

Ce n'était pas un concours de tartes, mais cependant, tous les invités se mirent d'accord pour attribuer une palme spéciale à certaines d'entre elles, et j'en donne les recettes dans ce livre. Ma préférée est la tarte à la rhubarbe quadrillée, de ma belle-sœur Rita Christiansen. Ce fut une surprise pour moi, car en fait, je n'aime pas la tourte aux fraises et à la rhubarbe et ne pensais même pas en mettre de recette ici. Mais le mélange de framboises et de rhubarbe avait un goût différent, et les fruits n'étaient pas détrempés comme il arrive souvent dans les tourtes aux fraises.

Pour réussir une partie bon enfant comme celle-ci, où chacun apporte quelque chose, il faut de l'espace, des boissons et beaucoup d'assiettes et de fourchettes ainsi que des bonnes volontés pour servir les tartes. Des paniers de fruits frais, pommes, poires ou pêches et des jattes de petits fruits sont parfaits s'il y a beaucoup d'enfants. Si les chaises et les tables sont en nombre insuffisant, on peut très bien s'asseoir par terre, sur des petites couvertures, des couvre-lits et des oreillers.

Le Buffet de Tartes

Les invités :
De gauche à droite : (en haut) *Ellie, Laura, Rita, Debbie ;* (au centre) *Kathy ;* (en bas) *Kathy, Rosanna, Donna, Marsha.*

Les tartes :
Rangée du haut, de gauche à droite :
Tarte à la rhubarbe et aux framboises de Rita, tarte aux noix de pécan et au fromage blanc de Laura, tarte aux figues nappée de gelée au poivre rose de Rosanna*, croustade aux pommes de Debby, tarte aux kiwis et kakis de Kathy, tourte aux airelles, pommes et raisins secs de Robin.*

Rangée du milieu :
Tarte aux pommes de la maman de Marion, tourte au mincemeat de l'arrière-grand-mère de Marinda, tarte aux fraises dans une croûte aux noix de Martha, tarte Himalaya meringuée au citron de Martha*, tourte aux myrtilles de Dorian, galette aux poires en pyramide de Taira, tourte aux mûres et aux pommes de Helen.*

Rangée du bas :
Tarte aux noix de pécan et chocolat de Laura, tarte au sucre de Donna, tarte aux airelles et raisins secs de Wendye*, tarte aux poires à la crème pâtissière au chocolat de Kathy, tarte aux raisins noirs dans une croûte aux noix de Martha, tarte en cœur aux framboises rouges de Martha, tarte au citron de Marsha* tourte aux pommes à l'ancienne de Jody.*

* Les recettes marquées d'un astérisque sont données dans ce chapitre.

La Tarte Himalaya Meringuée au Citron de Martha

L A R E C E T T E

Pour une tarte de 23 cm

UNE CROÛTE DE TARTE DE 23 CM EN PÂTE BRISÉE (PAGE 198), DÉJÀ CUITE ET REFROIDIE

250 G DE SUCRE CRISTALLISÉ
70 G DE FARINE FLUIDE
UNE PINCÉE DE SEL
3 DL D'EAU
5 JAUNES D'ŒUF
1 DL DE JUS DE CITRON FRAIS PRESSÉ
2 CUILLERÉES À SOUPE DE ZESTE DE CITRON RÂPÉ
60 G DE BEURRE COUPÉ EN PETITS MORCEAUX

Meringue

8 À 12 BLANCS D'ŒUF
$^1/_2$ CUILLERÉE À CAFÉ D'EXTRAIT DE VANILLE
UNE PINCÉE DE SEL
6 CUILLERÉES À SOUPE DE SUCRE CRISTALLISÉ

1. Pour faire la garniture, mélanger sucre, farine, sel et eau dans un récipient mis au bain-marie à peine frémissant et cuire 10 à 12 minutes en tournant, jusqu'à ce que le mélange devienne très épais et presque translucide. Retirer du feu et incorporer les jaunes d'œuf, un par un, pour obtenir un mélange homogène. Remettre sur le feu et cuire 6 à 7 minutes, en tournant sans arrêt, jusqu'à obtention d'une crème épaisse et lisse. Retirer du feu, ajouter jus et zeste de citron. Incorporer le beurre au fouet, morceaux par morceaux, et mettre de côté à refroidir.

2. Préchauffer le four à 190°.

3. Pour faire la meringue : battre les œufs en neige ferme. Ajouter la vanille et le sel. Continuer à battre et ajouter une cuillerée à soupe de sucre au mélange toutes les minutes. Battre 7 à 8 minutes, la meringue doit être très ferme.

4. Verser la garniture dans la croûte de tarte. Poser la meringue dessus, en une pyramide aussi haute que possible, en faisant attention à bien couvrir la garniture sur les bords.

5. Mettre au four environ 10 minutes, la meringue doit être bien dorée. Laisser refroidir à la température de la pièce, au moins 3 heures avant de couper. Ne pas mettre au réfrigérateur.

NOTE : la farine fluide est indispensable pour que la garniture soit bien épaisse.

Cette tarte meringuée, qui est devenue l'une des préférées de ma famille, a été inventée le jour où ma mère et moi, disposions d'un surplus de blancs d'œuf. Nous avions alors monté la meringue aussi haut que le four le permettait.

Tarte Quadrillée à la Rhubarbe et aux Framboises de Rita

L A R E C E T T E

Pour une tarte de 28 cm

PÂTE BRISÉE BIEN FROIDE (PAGE 198) POUR UNE TARTE DE 28 CM AVEC QUADRILLAGE SUR LE DESSUS

200 À 250 G DE FRAMBOISES FRAÎCHES OU SURGELÉES ET DÉCONGELÉES, SANS SUCRE

LA VALEUR DE 8 LOUCHES DE RHUBARBE FRAÎCHE OU SURGELÉE ET DÉCONGELÉE, COUPÉE EN MORCEAUX DE 2,5 CM

250 G DE SUCRE CRISTALLISÉ (PLUS OU MOINS SELON GOÛT)

40 G DE FARINE

1 CUILLERÉE À CAFÉ DE JUS DE CITRON FRAIS PRESSÉ

15 G DE BEURRE FERME COUPÉ EN PETITS MORCEAUX

POUR DORER : 1 ŒUF BATTU AVEC 2 CUILLERÉES À SOUPE DE CRÈME FRAÎCHE

1. Préchauffer le four à 175°.

2. Prélever un tiers de la pâte brisée, l'envelopper dans un film plastique et la mettre au réfrigérateur jusqu'à utilisation. Étaler la pâte restante pour le fond de tarte et l'appliquer dans un moule de 28 cm. Mettre au réfrigérateur.

3. Mettre framboises et rhubarbe dans une terrine et saupoudrer de sucre et de farine, ajouter le jus de citron. Enrober les fruits en les faisant sauter délicatement pour ne pas les briser. Verser dans le fond de tarte et parsemer de beurre. Mettre au réfrigérateur pendant la préparation du quadrillage du dessus.

4. Étaler le reste de pâte et le découper en bandelettes de 1,5 cm. Les tisser ensemble par dessus la garniture et placer une ou deux bandelettes de pâte sur le pourtour, à la jonction du dessus et du bord de la tarte, appuyer avec les dents d'une fourchette pour bien les souder. Badigeonner au pinceau le quadrillage et le pourtour de pâte avec le mélange œuf + crème et placer la tarte sur une tôle assez grande, recouverte d'un papier sulfurisé (pour protéger la tôle si le jus déborde).

5. Mettre au four environ 1 heure $^1/_2$, la croûte doit être dorée et le jus des fruits bouillonner. Laisser refroidir sur une grille avant de servir.

NOTE : pour des fruits surgelés, faire attention à bien les décongeler et les égoutter.

Tarte aux Airelles et Raisins Secs de Wendye

Je n'aime pas particulièrement les mélanges de fruits dans les tartes mais l'association de la rhubarbe et des framboises dans celle de Rita (à l'arrière du panier) est sensationnelle. Sur le devant du panier, la délicieuse tarte aux airelles et raisins secs de Wendye.

L A R E C E T T E

Pour une tarte de 23 cm avec quadrillage de pâte sur le dessus

2 RONDS DE 28 CM DE PÂTE BRISÉE (PAGE 198) BIEN FROIDE

300 G D'AIRELLES FRAÎCHES (OU SURGELÉES)

200 G DE RAISINS SECS BLONDS

100 G DE SUCRE (PLUS OU MOINS SELON GOÛT)

4 CUILLERÉES À SOUPE DE SIROP D'ÉRABLE (ÉPICERIES FINES)

1/2 CUILLERÉE À CAFÉ D'EXTRAIT DE VANILLE

UN PEU DE COGNAC

LE ZESTE RÂPÉ D'UNE ORANGE

30 G DE BEURRE FERME COUPÉ EN PETITS MORCEAUX

1. Préchauffer le four à 220°.

2. Appliquer un rond de pâte dans le moule de 23 cm. Mettre au réfrigérateur. Dans le reste de la pâte, découper un maximum de bandelettes. Les placer sur une tôle mouillée ou recouverte de papier sulfurisé et mettre au réfrigérateur.

3. Mettre les airelles et les raisins secs dans une jatte. Ajouter le reste des ingrédients excepté le beurre et remuer en faisant sauter la terrine, pour bien enrober les fruits. Mettre ce mélange dans le fond de tarte et parsemer de beurre. Tisser les bandelettes de pâte sur la garniture pour former le quadrillage. Égaliser et pincer le pourtour.

4. Mettre au four, sur une tôle recouverte de papier sulfurisé, pendant 15 minutes, puis, réduire la température à 175° et laisser encore environ 35 à 40 minutes, la croûte doit être dorée et le jus bouillonner. Laisser refroidir avant de servir.

Tourte au Mincemeat de Marinda Freeman

Marinda a utilisé la recette de famille de son arrière-grand-mère pour cette garniture au mincemeat. Elle apporta la tourte dans un grand panier rond en rotin, posée sur une nappe en toile de lin blanc ayant appartenu à son arrière-grand-mère.

L A R E C E T T E

Pour une tourte de 23 cm

DEUX CERCLES DE 23 CM EN PÂTE BRISÉE (PAGE 198) BIEN FROIDE

$^1/_2$ LITRE DE MINCEMEAT* MAISON

2 POMMES ACIDULÉES, PELÉES, ÉPLUCHÉES ET HACHÉES GROSSIÈREMENT

50 À 100 G DE SUCRE CRISTALLISÉ (PLUS OU MOINS SELON GOÛT)

1. Préchauffer le four à 230°. Appliquer un des ronds de pâte dans un moule de 23 cm et mettre au frais.

2. Mélanger le mincemeat, les pommes et le sucre. Répartir le mélange dans le fond de tarte. Couvrir avec le deuxième rond de pâte, égaliser les bords et les pincer. Faire quelques incisions dans le couvercle pour permettre à la vapeur de s'échapper.

3. Mettre au four environ 30 minutes, la croûte doit être dorée. Laisser refroidir avant de servir.

Mincemeat*

Pour 16 à 20 bocaux d'un litre

2,750 KG DE VIANDE DE BŒUF MAIGRE (COLLIER)

1,400 KG DE GRAISSE DE ROGNON DE BŒUF

1,800 KG DE RAISINS SECS BLONDS

1,800 KG DE RAISINS DE CORINTHE

450 G D'ÉCORCES DE CÉDRAT HACHÉE GROSSIÈREMENT

900 G D'ÉCORCE D'ORANGE CONFITES (PAMPLEMOUSSE, ORANGE, CITRON, ANANAS), HACHÉE GROSSIÈREMENT

5,500 KG DE POMMES ACIDES (JONAGOLD PAR EXEMPLE), PELÉES, ÉPLUCHÉES ET HACHÉES GROSSIÈREMENT

100 G DE CANNELLE EN POUDRE

30 G DE GINGEMBRE EN POUDRE

30 G DE CLOUS DE GIROFLE EN POUDRE

120 G DE NOIX DE MUSCADE FRAÎCHEMENT RÂPÉE

LE JUS ET LE ZESTE RÂPÉ DE DEUX CITRONS

4 CUILLERÉES À SOUPE DE SEL

1 CUILLERÉE À CAFÉ DE POIVRE

900 G DE SUCRE CRISTALLISÉ

1 LITRE DE MÉLASSE

1 LITRE DE JUS DE POMMES

1. Mettre le bœuf dans un fait-tout, couvrir d'eau, poser sur le feu et laisser frémir pendant 1 heure $^1/_2$ à 2 heures, jusqu'à ce qu'il soit bien cuit. Réserver le bouillon. Laisser refroidir la viande et retirer le gras et les nerfs. Hacher finement la viande.

2. Couper la graisse en morceaux de la grosseur d'une balle de golf. Bien réfrigérer. Hacher finement par morceaux, avec un hachoir ou un robot.

3. Mélanger le bœuf et la graisse dans une grande bassine (ou le lavabo) avec tous les ingrédients, excepté la mélasse et le jus de pomme. Chauffer le bouillon de cuisson du bœuf et lui ajouter la mélasse et le jus de pomme. Ajouter au mincemeat et bien mélanger. Rectifier l'assaisonnement. Laisser refroidir.

4. Mettre dans des boîtes de plastique d'une contenance de 1 litre et congeler. Ou bien répartir dans des bocaux, verser une fine couche de mélasse sur le dessus et ranger dans un endroit frais. Le mincemeat doit reposer avant d'être utilisé, il faut le sortir du congélateur un mois avant l'utilisation, ajouter une fine couche de mélasse sur le dessus, remettre le couvercle et le garder au réfrigérateur pendant le temps nécessaire.

* Note du traducteur : le mincemeat est une spécialité anglaise, farce à base de viande et d'épices contenant de très nombreux ingrédients. On le trouve tout fait, dans les épiceries fines et les magasins vendant des produits anglais.

LE BUFFET DE TARTES

Tarte au Sucre de Donna

L A R E C E T T E

Pour une tarte de 23 cm

1 CROÛTE DE TARTE DE 23 CM (PAGE 198) EN PÂTE BRISÉE, DÉJÀ CUITE ET REFROIDIE

150 G DE SUCRE BRUN

50 G DE SUCRE VANILLÉ (PAGE 55) + UN PEU POUR LE DESSUS

35 G DE FARINE

4 DL DE CRÈME LIQUIDE

1 CUILLERÉE À CAFÉ D'EXTRAIT DE VANILLE

1 CUILLERÉE À CAFÉ DE JUS DE CITRON FRAIS PRESSÉ

1 CUILLERÉE À CAFÉ DE COGNAC

60 G DE BEURRE FERME COUPÉ EN PETITS MORCEAUX

DE LA NOIX DE MUSCADE FRAÎCHEMENT RÂPÉE

1. Préchauffer le four à 175°.
2. Mélanger le sucre et la farine et en saupoudrer le fond de la croûte de tarte.
3. Dans une autre jatte, mélanger crème, vanille, jus de citron et cognac. Verser dans la croûte de tarte. Parsemer de beurre et saupoudrer de muscade.
4. Mettre au four pendant 40 à 45 minutes, jusqu'à ce que la garniture soit prise. Laisser un peu refroidir, saupoudrer d'un peu de sucre vanillé et servir.

Donna apporta sa délicieuse tarte, largement saupoudrée de sucre, dans un panier, posée sur un torchon en toile de lin brodé.

Tarte au Citron de Marsha

Cette croûte inhabituelle, aux macarons et au chocolat, contient une merveilleuse garniture acidulée au citron. Marsha couronne la tarte avec de la crème fouettée et la décore de framboises jaunes et de feuilles de menthe.

L A R E C E T T E

Pour une tarte de 23 cm

Croûte aux petits gâteaux au chocolat

110 G DE BEURRE

225 G DE CHOCOLAT NOIR + 60 À 90 G SI NÉCESSAIRE

50 G DE PETITS GÂTEAUX AMARETTO ÉCRASÉS (LES AMARETTO SONT DES PETITS GÂTEAUX ITALIENS, SORTE DE MACARONS, QUE L'ON TROUVE DANS CERTAINES GRANDES SURFACES)

80 G DE CHAPELURE BLANCHE, LÉGÈREMENT GRILLÉE

50 G D'AMANDES EN POUDRE

2 CUILLERÉES À SOUPE DE SUCRE BRUN

200 G DE SUCRE CRISTALLISÉ

8 CUILLERÉES À SOUPE DE MAÏZENA

1 PINCÉE DE SEL

1 DL DE JUS DE CITRON FRAIS PRESSÉ

2 DL 1/2 D'EAU

4 JAUNES D'ŒUF LÉGÈREMENT BATTUS

60 G DE BEURRE MOU, COUPÉ EN PETITS MORCEAUX

EN GARNITURE : DE LA CRÈME LÉGÈREMENT FOUETTÉE

1. Préchauffer le four à 165°.

2. Pour la croûte : faire fondre le beurre et le chocolat ensemble au bain-marie. Mettre de côté à refroidir. Mélanger les biscuits écrasés, la chapelure, les amandes et le sucre brun dans un robot et actionner jusqu'à ce que tout soit bien mélangé. Verser dans une grande jatte, ajouter le mélange chocolat + beurre et bien mélanger. Ajouter suffisamment de chocolat fondu pour obtenir la consistance désirée, le mélange doit être granuleux mais se tenir lorsqu'on le forme en boule. Étaler en appuyant avec les doigts, dans un moule de 23 cm. Mettre au four environ 10 minutes, attention à ne pas laisser brûler. Retirer du four et poser sur une grille pour laisser refroidir complètement.

3. Pour faire la garniture, mélanger le sucre, la maïzena et le sel dans une petite jatte. Dans une casserole à fond épais, porter à ébullition le jus de citron et l'eau. Ajouter le mélange sucre + maïzena et fouetter pour obtenir un mélange homogène. Cuire sur feu très doux, en fouettant plusieurs fois, environ 30 minutes, jusqu'à épaississement. Incorporer rapidement, au fouet, les jaunes d'œuf et cuire 2 minutes de plus. Retirer du feu, incorporer le beurre au fouet et laisser complètement refroidir.

4. Répartir la garniture refroidie dans la croûte de tarte et couronner avec de la crème légèrement fouettée.

Tarte aux Figues et Poivre Rose de Rosanna

Pour ne pas casser la croûte de sa tarte, Rosanna l'apporta dans son moule, posée dans un grand panier à fleurs en rotin, à l'anse arrondie.

L A R E C E T T E

Pour une tarte de 28 cm

UNE CROÛTE DE TARTE DE 28 CM EN PÂTE BRISÉE (PAGE 198), DÉJÀ CUITE ET REFROIDIE

Crème Pâtissière

2 DL DE LAIT
50 G DE SUCRE CRISTALLISÉ
3 CUILLERÉES À SOUPE DE FARINE
$^1/_4$ DE CUILLERÉE À CAFÉ DE SEL
4 JAUNES D'ŒUF LÉGÈREMENT BATTUS
2 CUILLERÉES À CAFÉ D'EXTRAIT DE VANILLE
30 G DE BEURRE

Nappage au poivre rose

2 DL DE PURÉE DE FIGUES (CONFITURE DE FIGUES ANGLAISE, DANS LES ÉPICERIES FINES)
12 FIGUES FRAÎCHES, BIEN MÛRES, COUPÉES EN QUARTIERS
2 OU 3 CUILLERÉES À SOUPE D'EAU
1 CUILLERÉE À SOUPE DE POIVRE ROSE EN POUDRE

1. Pour faire la crème pâtissière, chauffer le lait dans une casserole à fond épais, jusqu'au point d'ébullition mais sans bouillir. Mélanger sucre, farine et sel dans une jatte et ajouter lentement le lait chaud. Reverser dans la casserole et porter à ébullition, sur feux doux, en tournant sans arrêt. Cuire jusqu'à ce que le mélange soit lisse et très épais.

2. Hors du feu, incorporer au fouet les jaunes d'œuf, un par un. Remettre sur le feu et laisser bouillir une minute, en fouettant vigoureusement. Retirer du feu et continuer à battre pour refroidir légèrement. Incorporer la vanille et le beurre, en mélangeant bien. Couvrir la crème pâtissière avec un film plastique posé directement sur le dessus et laisser refroidir complètement.

3. Pour le nappage, mettre la purée de figues dans une casserole sur feu doux et ajouter juste assez d'eau pour pouvoir étaler le tout. Ajouter le poivre rose et chauffer quelques secondes.

4. Pour faire la tarte, incorporer 1 cuillerée à soupe du nappage à la crème pâtissière refroidie pour la parfumer, puis la répartir également sur le fond de la croûte de tarte. Disposer les quartiers de figues dessus, en cercles concentriques et verser le reste du glaçage sur les figues. Mettre au réfrigérateur jusqu'au moment de servir.

C H A P I T R E

11

Les Recettes de Base

PÂTE BRISÉE

(PÂTE À TARTE DE BASE)

Je fais de la pâte à tarte depuis que je suis petite fille et je crois avoir définitivement trouvé les bonnes proportions de farine, de beurre et d'eau ; ma pâte est presque toujours légère, croustillante et tendre mais assez ferme pour des croûtes de tourtes, de tartes et de tartelettes. Mes autres secrets sont les suivants : utiliser des ingrédients bien froids, mettre la pâte au réfrigérateur avant de l'abaisser, l'étaler rapidement sur une mince épaisseur et la cuire à four chaud.

La matière grasse que j'utilise est le plus souvent du beurre mais on peut tout aussi bien réussir avec de la margarine solide ou non ou du saindoux, même si les pâtes obtenues diffèrent par le goût, la texture ou la couleur (voir la recette page 203 pour la pâte faite avec une autre matière grasse que le beurre). Pour la pâtisserie, j'utilise de la farine ordinaire et non tamisée. Je la conserve dans un grand bocal où je puise directement.

La pâte brisée, lorsqu'elle est bien faite, ne doit pas se boursoufler, les petites tartelettes doivent garder leur forme et le bord des grandes tartes être bien solide. La pâte dore très bien dans un four à 190° et si on la badigeonne avec un glaçage, elle prend des reflets brillants mais elle ne devient jamais dure. Pour les tartes avec garniture de crème aux œufs, je fais souvent cuire à moitié la pâte « à blanc » pendant 10 à 12 minutes, avant d'ajouter la garniture, afin que le fond reste croustillant.

Pour 2 tartes de 20 à 25 cm ou une tourte avec « couvercle » ou un quadrillage sur le dessus, de 20 à 25 cm, ou bien 12 tartelettes de 6 à 8 cm.

275 G DE FARINE
1 CUILLERÉE À CAFÉ DE SEL
1 CUILLERÉE À CAFÉ DE SUCRE CRISTALLISÉ (FACULTATIF)
220 G DE BEURRE FROID, COUPÉ EN PETITS MORCEAUX
1/2 À 1 DL D'EAU GLACÉE

1. Mettre la farine, le sel et le sucre dans le bol d'un robot. Tous les ingrédients doivent être bien froids. Ajouter les morceaux de beurre et actionner le robot environ 10 secondes, juste assez pour obtenir une sorte de sable grossier. (Pour mélanger à la main, mettre les ingrédients secs dans une grande jatte. À l'aide de deux couteaux de table, couper le beurre dans la farine pour obtenir une sorte de sable grossier.)

2. Ajouter de l'eau glacée, goutte à goutte, par l'ouverture du couvercle tout en actionnant le robot, juste assez pour que la pâte forme une masse homogène, sans être molle et collante ; ne pas actionner le robot plus de 30 secondes. Vérifier alors la pâte en la pressant entre deux doigts, si elle s'effrite, ajouter un peu d'eau.

3. Poser la pâte sur une grande feuille de plastique. En tenant les bords du plastique, appuyer sur la pâte pour l'aplatir en un cercle, avec le dos des phalanges. Il sera ainsi plus facile d'étaler la pâte que si elle est mise au réfrigérateur en une grosse boule. Envelopper la pâte dans le plastique et la mettre au réfrigérateur au moins 1 heure.

4. Beurrer légèrement la tourtière ou le moule à tarte que vous devez utiliser. Sur une planche à peine farinée, abaisser la pâte sur une épaisseur de 3 mm. Mettre la pâte dans le moule à tarte, la tourtière ou un cercle à pâte posé sur une tôle recouverte de papier sulfurisé et l'appliquer autour du fond et sur les bords. Égaliser la pâte avec des ciseaux ou un couteau de cuisine aiguisé, ou encore en appuyant le rouleau à pâtisserie sur le bord du moule. (Je laisse souvent dépasser 2 à 3 cm de pâte, pour la replier à l'intérieur, ce qui renforce et rehausse le bord.) Pincer ou décorer le tour de la tarte selon les méthodes indiquées page 204. Mettre le moule garni de la pâte au réfrigérateur, jusqu'à utilisation. Les fonds de tarte crus peuvent se garder une journée au frais mais pour les garder plus longtemps, il faut les congeler.

CROÛTES DE TARTES CUITES À BLANC (AU PRÉALABLE ET SANS GARNITURE) : pour cuire à blanc une croûte de tarte, totalement ou à demi, préchauffer le four à 190°. Placer soigneusement du papier d'aluminium sur la pâte, en le pressant contre le pourtour et sur le fond, et placer dessus des haricots, du riz ou des noyaux d'abricots, comme indiqué sur l'illustration pages 200-201. Cuire 15 à 18 minutes (10 à 12 minutes, si la croûte n'est qu'à demi-cuite). Quand la pâte commence à se colorer sur le bord, retirer le papier d'aluminium et ce qu'il contient et continuer à cuire juste pour permettre à la pâte de sécher et de se colorer légèrement pour une croûte demi-cuite, et dorer franchement pour une croûte totalement cuite. Laisser refroidir complètement sur une grille à pâtisserie avant de garnir. Les croûtes de tartes cuites à blanc peuvent se garder dans des boîtes en plastique hermétiquement fermées, ou bien enveloppées, au congélateur.

CONFECTION DE LA PÂTE BRISÉE

a.
Les ingrédients bien froids, sont placés dans le bol d'un robot.

b.
Actionner le robot jusqu'à ce que le mélange ressemble à du sable grossier.

c.
Ajouter de l'eau glacée, goutte à goutte, pendant que le robot tourne.

d.
Vérifier si la pâte est à point, elle doit former une masse homogène.

e.
Poser la pâte sur un film plastique.

CONFECTION D'UNE CROÛTE RONDE EN PÂTE BRISÉE

1. Abaisser la pâte sur une épaisseur de 3 mm, la plier en deux, la placer à l'intérieur du cercle à pâte et déplier avec précaution. Égaliser la pâte tout autour, en gardant 2 ou 3 cm de plus et replier ce surplus vers l'intérieur, en pressant bien pour renforcer les bords.

2. Placer le cercle à pâte avec la pâte sur une tôle recouverte de papier sulfurisé. Marquer le bord avec le dos de la lame d'un couteau pour former des stries. Piquer le fond avec les dents d'une fourchette et mettre au réfrigérateur tel quel.

3. Poser du papier d'aluminium dans le fond de tarte, en l'appuyant contre le bord et le fond. Placer dessus du riz, des haricots secs ou des noyaux d'abricots. Lorsque la pâte commence à colorer, retirer avec précaution le papier et son contenu. Continuer à cuire jusqu'à mi-cuisson ou cuisson complète.

4. Après la cuisson, retirer la croûte du cercle à tarte et la laisser refroidir complètement sur une grille. Pour faciliter le maniement, on glisse un fond de moule à tarte amovible sous chaque croûte de tarte. D'autres types de moules ou de cercles peuvent être utilisés : moules à fond amovible, cercles à tarte en forme de pétale ou de cœur ou même des moules à gâteaux.

CONFECTION D'UNE CROÛTE EN FORME DE CŒUR EN PÂTE BRISÉE

1. Abaisser la pâte sur 3 mm d'épaisseur. L'appliquer dans le cercle en forme de cœur. Couper la pâte qui dépasse avec des ciseaux, en laissant 2 à 3 cm en surplus que l'on replie vers l'intérieur, en faisant un petit bourrelet. Pincer les bords, piquer le fond avec les dents d'une fourchette et mettre au réfrigérateur.

2. Placer du papier d'aluminium sur la pâte et poser dessus des haricots secs, du riz ou des noyaux d'abricots, cuire ensuite sur une tôle recouverte de papier sulfurisé.

CONFECTION DE CROÛTES DE TARTELETTES EN PÂTE BRISÉE

1. Placer les moules à tartelettes sur la pâte et avec un couteau pointu, découper la pâte autour de chaque moule mais un peu plus grand que le moule. Appliquer la pâte dans chaque moule et en appuyant avec les pouces, couper ce qui dépasse. Placer dessus un autre moule, de la même taille et bien appuyer.

2. La tartelette cuit avec le moule posé dedans qui empêche la pâte de se boursoufler (ceci remplace le papier d'aluminium et le riz). Aussitôt que les croûtes de tartelettes sont sorties du four, on enlève le moule du dessus et on laisse les croûtes refroidir sur une grille.

PÂTE SUCRÉE DE BASE

En ajoutant un peu de sucre et deux jaunes d'œuf à la pâte brisée, on la transforme en une croûte sucrée, légèrement croustillante mais cependant tendre, qui peut être utilisée à la place d'une pâte brisée pour les tartes aux fruits et les tartelettes. La pâte sucrée n'est généralement pas utilisée pour les tourtes à « couvercle », seulement pour les tartes et tartelettes. Le sucre et les jaunes d'œuf rendent la pâte plus molle, elle est plus difficile à bien étaler que la pâte brisée mais il est facile de combler les déchirures en appuyant simplement sur la pâte. En la mettant plus longtemps au réfrigérateur et en la maniant avec précaution, vous arriverez cependant à travailler la pâte sucrée.

Pour 2 tartes de 20 à 25 cm ou 12 tartelettes de 6 à 8 cm

275 G DE FARINE
3 CUILLERÉES À SOUPE DE SUCRE CRISTALLISÉ
225 G DE BEURRE FERME COUPÉ EN PETITS MORCEAUX
4 CUILLERÉES À SOUPE D'EAU GLACÉE
2 JAUNES D'ŒUF LÉGÈREMENT BATTUS

Suivre les instructions concernant la pâte brisée (page 198) mais ajouter peu à peu les jaunes d'œuf, en même temps que l'eau glacée. Abaisser et cuire comme indiqué.

PÂTE SUCRÉE RICHE

Cette pâte a plus la consistance d'une pâte à sablés très riche que d'une pâte sucrée de base, grâce au sucre et au jaune d'œuf qu'on lui ajoute. Elle est plus difficile à étaler sans la déchirer, mais comme la précédente, on peut facilement la recoller. Elle est particulièrement bonne pour les tartes et les tartelettes aux fruits et elle fond dans la bouche.

Une fois la pâte faite, il faut la laisser dans le réfrigérateur environ 15 à 20 minutes mais pas plus longtemps, elle serait trop difficile à étaler. Étaler la pâte sur une planche abondamment farinée, avec un rouleau bien fariné aussi, pour l'empêcher de coller. Comme la pâte sucrée, cette pâte est utilisée surtout pour les tartes et tartelettes.

Pour 2 tartes de 20 à 25 cm ou 12 tartelettes de 6 à 8 cm

275 G DE FARINE
65 G DE SUCRE CRISTALLISÉ
225 G DE BEURRE FERME, COUPÉ EN PETITS MORCEAUX
4 CUILLERÉES À SOUPE D'EAU GLACÉE
3 JAUNES D'ŒUF LÉGÈREMENT BATTUS

Suivre les instructions concernant la pâte brisée (page 198) en ajoutant peu à peu les jaunes d'œuf, en même temps que l'eau glacée. Abaisser et cuire comme indiqué.

Quatre types de pâte (dans le sens des aiguilles d'une montre, à partir d'en haut à gauche) : *pâte au saindoux, pâte brisée, pâte sucrée riche et pâte sucrée.*

PÂTE FAITE AVEC UNE MATIÈRE GRASSE AUTRE QUE LE BEURRE

Cette pâte, semblable à la pâte brisée par les proportions de farine et de matière grasse, est parfaite pour ceux qui préfèrent la margarine solide ou non, ou le saindoux, au beurre. J'utilise généralement des pâtes faites entièrement au beurre pour mes tourtes et mes tartes, mais la pâte beurre-margarine est bonne pour les tartes au citron, une croûte au saindoux pour une tourte aux pommes ou au mincemeat à l'ancienne, et une pâte à la margarine au tournesol pour une tarte aux myrtilles ou aux mûres.

On dit parfois que les pâtes qui ne sont pas faites au beurre sont plus croustillantes et plus légères mais je préfère le goût des pâtes dont la matière grasse est le beurre, aussi bien pour les tartes et les tartelettes que pour la plupart des tourtes. Pour les pâtes faites à la margarine ou autre, il est très important que tous les ingrédients soient très froids. Si pendant la confection de la pâte, ils deviennent mous ou collants, remettre la jatte et son contenu au réfrigérateur jusqu'à ce que tout soit à nouveau bien froid. Si la pâte est trop travaillée ou travaillée avec des ingrédients pas assez froids, elle risque de n'être pas croustillante, ni tendre et légère.

Pour 2 tartes de 20 à 25 cm, une tourte avec « couvercle » de 20 à 25 cm (ou tarte avec quadrillage) ou 12 tartelettes de 6 à 8 cm

275 G DE FARINE

1 CUILLERÉE À CAFÉ DE SEL

$^1/_2$ CUILLERÉE À CAFÉ DE SUCRE CRISTALLISÉ

225 G DE MARGARINE SOLIDE, OU MARGARINE AU TOURNESOL OU DE SAINDOUX, COUPÉ EN PETITS MORCEAUX ET BIEN FROID

1 DL D'EAU GLACÉE

Suivre les instructions données pour la pâte brisée (page 198), abaisser la pâte et la cuire comme indiqué.

COMMENT FORMER LE BORD DES TARTES

1. Bord pincé « ondulé » : *Utiliser le pouce et l'index d'une main pour pincer la pâte d'un côté et appuyer à l'opposé, avec le pouce de l'autre main, pour former un bord décoratif.*

2. Bord pincé « ondulé », variante : *Utiliser le pouce et l'index d'une main pour maintenir la pâte sur le dessus, et appuyer à l'opposé, avec le pouce de l'autre main.*

3. Bord pincé « ondulé » marqué à la fourchette : *Utiliser le pouce et l'index d'une main pour pincer la pâte et appuyer de l'autre côté avec les dents d'une fourchette.*

4. Bord à « feuilles » : *Découper des feuilles dans les restes de pâte avec un couteau pointu. Marquer les nervures avec le dos de la lame. Fixer les feuilles sur le bord de la tarte avec un peu d'eau froide.*

5. Bord « tressé » : *Couper des bandelettes de pâte de 6 mm de large. Les tresser ensemble et appliquer le tout sur le bord de la tarte avec un peu d'eau froide.*

CROÛTES AUX FRUITS SECS (NOIX, AMANDES, NOISETTES, ETC.)

Cette pâte est si facile à faire et si délicieuse qu'elle est devenue une de mes préférées. Il n'est pas nécessaire de l'étaler ni de poser dessus du papier d'aluminium avec du riz ou des haricots. La pâte, qui ressemble à une pâte à sablés, est simplement pressée dans le moule à tarte, et mise au réfrigérateur avant d'être cuite au four.

J'aime bien avoir une ou deux croûtes de ce type dans le congélateur, ce qui me permet de confectionner rapidement un dessert. Une fois décongelée, la croûte peut être garnie de petits fruits frais et nappée, ou emplie d'une garniture à base de crème aux œufs ou de mousse.

Pour 2 croûtes de tartes de 20 à 25 cm ou 12 tartelettes de 6 à 8 cm

290 G D'AMANDES, NOIX DE PÉCAN, NOISETTES OU NOIX DE MACADAMIA (RÉDUITES EN POUDRE). (LES NOIX DE MACADAMIA SE TROUVENT DANS LES ÉPICERIES FINES.)

225 G DE BEURRE MOU

65 G DE SUCRE CRISTALLISÉ

330 G DE FARINE

1 ŒUF LÉGÈREMENT BATTU

1 CUILLERÉE À CAFÉ D'EXTRAIT DE VANILLE OU D'AMANDES

1. Préchauffer le four à 175°. Beurrer les moules à tartes ou tartelettes utilisés.
2. Mettre tous les éléments dans une grande jatte et les mélanger à la cuiller en bois ou au mixeur électrique. Diviser le mélange en deux et le presser dans les moules préparés. Mettre au réfrigérateur au moins 30 minutes.
3. Cuire au four pendant 20 à 25 minutes. La croûte doit être dorée. Laisser refroidir sur une grille avant de garnir.

Quelques uns des ingrédients nécessaires à la confection d'une croûte aux fruits secs : farine, amandes en poudre, sucre et œufs. La pâte est pressée dans un moule à tarte à fond amovible et cuite au four jusqu'à ce qu'elle devienne d'un beau brun doré.

LA PÂTE FEUILLETÉE

Pour des tartes, des galettes ou des barquettes raffinées, cette pâte, faite avec du beurre et de la crème, n'a pas de rivale. Lors d'un cours de pâtisserie donné un jour à l'école de cuisine de Broadmoor, à Colorado Springs, à une altitude de 2 200 mètres, ma pâte feuilletée gonfla, aérienne, sur plus de trois centimètres. Des « papillons » faits avec des rognures de pâte, étaient les plus légers que j'ai jamais mangés et les bords des longues croûtes de tarte rectangulaires étaient si hauts qu'il fallait deux fois plus de crème pâtissière pour les garnir.

Il est très agréable de réussir aussi bien mais il faut quand même une certaine habitude pour cela. Encore aujourd'hui, il m'arrive d'éprouver quelque difficulté, la réussite dépendant de plusieurs facteurs différents. Le plus important est de mesurer les ingrédients avec précision (il faut peser la farine), de ne pas remplacer le beurre et la crème par d'autres matières grasses et de laisser reposer la pâte au frais entre les tours. Pour une pâte moins riche, on peut utiliser uniquement de l'eau, ou bien moitié eau, moitié crème liquide.

Lorsqu'on met la pâte au réfrigérateur, entre les tours, il vaut mieux l'envelopper dans un film plastique, ce qui l'empêche de se dessécher. La cuisson est aussi très importante. Un four qui n'est pas assez chaud et un temps de cuisson insuffisant risquent de durcir la pâte et de l'empêcher de gonfler.

Pour environ 900 g de pâte

450 G EXACTEMENT DE FARINE
450 G DE BEURRE FERME COUPÉ EN PETITS MORCEAUX
1 CUILLERÉE À CAFÉ DE SEL
2 DL DE CRÈME LÉGÈRE (OU 1 DL DE CRÈME LÉGÈRE + 1 DL D'EAU GLACÉE)

1. Dans le bol d'un robot ou au batteur électrique, mélanger 60 g de la farine avec le beurre, jusqu'à obtention d'une pâte lisse. Former un carré plat de 2,5 cm d'épaisseur, bien envelopper d'un film plastique et mettre au réfrigérateur au moins 30 minutes.

2. Mélanger le sel et le reste de farine dans une grande jatte et ajouter la crème (ou la crème et l'eau). Bien mélanger pour former une pâte, soit à la main, soit au batteur électrique. La pâte ne doit pas être parfaitement lisse, sans être collante. Former un rectangle plat de 3,5 cm d'épaisseur, envelopper dans un film plastique et mettre au réfrigérateur au moins 30 minutes.

3. Retirer la deuxième pâte (farine et crème) du réfrigérateur. Sur une planche légèrement farinée, étaler la pâte en un rectangle deux fois plus long que celui de la première pâte (beurre et farine). Placer cette deuxième pâte au milieu, replier les deux côtés pour l'envelopper complètement et souder les bords en appuyant dessus. Envelopper dans un film plastique et mettre au réfrigérateur au moins 30 minutes, pour que la pâte soit froide dans toute sa masse.

4. Retirer la pâte du réfrigérateur et l'étaler, sur une planche farinée, en un grand rectangle de 1 bon centimètre d'épaisseur. Plier ce rectangle en trois, en joignant soigneusement les bords et en enlevant l'excès de farine au pinceau à pâtisserie. On procède ainsi pour que le beurre soit également réparti et que la pâte gonfle uniformément à la cuisson. Envelopper la pâte et mettre au réfrigérateur au moins 30 minutes. Cette opération s'appelle « donner un tour ».

5. Répéter l'opération encore cinq fois ; le nombre total de tours pour la pâte feuilletée classique est de six, ce qui donne des centaines de couches de beurre entre les couches de pâte à la farine (729 exactement). Utiliser un minimum de farine pour étaler la pâte et ôter l'excès au pinceau. Ne pas oublier de laisser la pâte reposer au moins 30 minutes au réfrigérateur entre chaque tour, ou 15 minutes au freezer. Cela permet d'étaler la pâte plus facilement et de garder la même épaisseur aux couches de beurre.

6. Au sixième et dernier tour, la pâte doit être lisse et unie, sans morceaux de beurre apparents. L'envelopper dans un film plastique et la mettre au réfrigérateur jusqu'au moment de s'en servir (2 jours maximum), ou congeler pour une utilisation ultérieure. Je divise généralement ma pâte en paquets de 450 g et les congèle séparément.

(suite page 208)

COMMENT FAIRE LA PÂTE FEUILLETÉE

a.
Faire la pâte beurre + farine. Ensuite faire la pâte farine + crème. Les deux pâtes sont ensuite mises au réfrigérateur jusqu'à ce qu'elles soient bien froides.

b.
Étaler la pâte farine + crème en un rectangle deux fois plus long que le carré de pâte beurre + farine. Mettre ce dernier au milieu du rectangle.

c.
Plier les deux côtés du rectangle par dessus le carré de beurre pour l'envelopper.

d.
Étaler le tout en un rectangle.

e.
Plier le rectangle en trois et ôter au pinceau l'excès de farine. Vous avez donné un tour à la pâte.

CONFECTION DES CROÛTES EN PÂTE FEUILLETÉE

1. À l'aide d'une règle, découper un rectangle dans la pâte puis découper des bandes de un bon centimètre de large. Avec de l'eau froide, coller ces bandes sur tout le pourtour du rectangle de pâte, en chevauchant les extrémités, de manière à former un rebord.

2. Découper dans la pâte deux cœurs de la même taille. À l'aide d'un moule en forme de cœur un peu plus petit, découper une bande de pâte, sur le pourtour de l'un des cœurs. Avec un peu d'eau froide, coller cette bande sur le pourtour de l'autre cœur pour former un rebord.

3. Piquer le fond avec les dents d'une fourchette. Avec précaution, badigeonner seulement le rebord, avec un mélange de jaune d'œuf et d'eau. Sur l'illustration, les fonds de tarte terminés, prêts à être mis au four.

(suite de la page 206)

CROÛTES DE TARTES RECTANGULAIRES : pour faire des croûtes de tartes rectangulaires en pâte feuilletée, abaisser la pâte en un rectangle d'au moins 50 cm de long sur 3 mm d'épaisseur environ. À l'aide d'une règle, découper les bords avec un couteau aiguisé, aux dimensions requises (j'utilise le plus souvent 10 × 45 cm). Dans la pâte restante, découper trois bandes de 2 bons centimètres de large et aussi longues que la tarte.

Placer le rectangle sur une tôle mouillée ou recouverte de papier sulfurisé. Former le rebord, en collant avec de l'eau deux des bandes sur les côtés les plus longs.

Couper la troisième bande en deux et coller sur les deux plus petits côtés. Souder les extrémités avec un peu d'eau en les faisant chevaucher. Piquer tout le fond de la tarte avec les pointes d'une fourchette, pour que la pâte lève également. Poser du papier d'aluminium sur le fond seulement, et placer dessus du riz, des haricots ou des noyaux d'abricots pour l'alourdir (attention de ne pas en mettre sur les bords). Mettre au réfrigérateur, couvert d'un film plastique, au moins 30 minutes.

Préchauffer le four à 190°. Retirer le fond de tarte du réfrigérateur et badigeonner la pâte apparente avec un jaune d'œuf battu avec 2 cuillerées à café d'eau ou de crème. Cuire 12 à 15 minutes ou jusqu'à ce que les bords soient bien levés et commencent à dorer. Retirer le papier d'aluminium et son contenu et cuire encore jusqu'à ce que la croûte soit entièrement dorée. Laisser complètement refroidir sur une grille à pâtisserie.

CROÛTES DE TARTES EN FORME DE CŒUR : pour faire des croûtes en forme de cœur en pâte feuilletée, abaisser la pâte sur une épaisseur d'environ 3 mm. Avec un couteau pointu bien aiguisé et un moule ou un cercle en forme de cœur ou encore, une forme en carton de la taille désirée, découper deux cœurs dans la pâte. Placer l'un d'eux sur une tôle mouillée ou recouverte de papier sulfurisé et découper une bande régulière de un bon centimètre de large sur le pourtour de l'autre cœur. Placer cette bande sur le pourtour du premier cœur, en le collant avec un peu d'eau glacée. Piquer le fond avec les dents d'une fourchette, placer du papier d'aluminium sur le fond seulement et poser dessus du riz, des haricots secs ou des noyaux d'abricots. Mettre au réfrigérateur, badigeonner et cuire comme indiqué ci-dessus.

PÂTE FEUILLETÉE RAPIDE

Voici une recette de pâte feuilletée plus rapide et plus simple que je recommande pour les galettes et les tartes aux fruits cuits, sans moule. Le beurre est incorporé grossièrement à la farine et les tours sont donnés plus rapidement. Il est toujours nécessaire de travailler vite avec des ingrédients bien froids et de mettre la pâte au réfrigérateur, pour la laisser reposer entre les tours. La pâte ne monte pas autant qu'avec la recette classique mais elle est très bonne. Elle n'est pas aussi riche que la pâte feuilletée faite avec de la crème.

Pour 900 g environ de pâte feuilletée

450 G DE FARINE	**450 G DE BEURRE FERME**
1 CUILLERÉE À CAFÉ DE SEL	**2 DL À 2 DL 1/2 D'EAU GLACÉE**

1. Mélanger la farine et le sel dans une grande terrine bien froide. Couper le beurre en très petits morceaux. Du bout des doigts, incorporer rapidement et grossièrement le beurre à la farine (on ne peut utiliser un robot qui couperait le beurre trop fin).

2. Ajouter l'eau peu à peu, pour former une pâte. Poser la pâte sur une planche farinée et l'abaisser en un rectangle. La pâte est très friable. Plier en trois et faire pivoter la pâte d'un quart de tour vers la droite. Abaisser à nouveau, en un long rectangle et plier encore en trois, ce qui fait deux tours en une seule fois. Ôter l'excès de farine au pinceau. Envelopper dans un film plastique et mettre au réfrigérateur pendant 30 minutes.

3. Répéter l'opération encore deux fois, en réfrigérant bien entre les tours. À chaque tour, la pâte doit devenir plus souple et plus facile à travailler. Cette pâte feuilletée demande six tours (effectués ici en trois fois) avant d'être prête à l'emploi.

4. Étaler et cuire comme indiqué précédemment page 208. On peut garder la pâte bien enveloppée d'un film plastique au réfrigérateur pour deux jours au plus, ou au congélateur, pour une utilisation ultérieure.

1. Incorporer grossièrement le beurre à la farine, du bout des doigts.

2. Poser la pâte sur une planche farinée et l'étaler en un rectangle. La pâte est assez friable.

3. Plier le rectangle en trois, comme indiqué, faire pivoter d'un quart de tour vers la droite et l'abaisser à nouveau.

4. Plier à nouveau en trois, pour achever les deux tours donnés en une seule opération. Ôter au pinceau, la farine en excès.

LES GLAÇAGES

Le glaçage donne un beau fini brillant aux tartes aux fruits et aux tartelettes. Pendant des années, je me suis contentée de napper mes tartes à l'abricot ou à la groseille, mais je me suis aperçu, depuis peu de temps, que l'on pouvait utiliser d'autres gelées. En travaillant sur ce livre, j'ai essayé la gelée de cerises aigres faite avec les cerises de Montmorency qui poussent en abondance dans notre verger. Je fus enchantée de constater que la gelée obtenue était d'un ravissant rose pâle, avec un goût exceptionnellement délicat. J'ai aussi utilisé nos coings, généralement transformés en confitures et chutney, pour faire de la gelée de couleur différente, les coings très mûrs produisant une gelée d'un rose intense et les fruits moins mûrs, une gelée plus dorée et plus pâle. La gelée de coings contient beaucoup de pectine et nous avons découvert que le sirop de coings, retiré du feu juste avant que sa cuisson n'atteigne le point de gélification, épaississait et parfumait la crème fouettée employée en garniture. La gelée de pommes a aussi beaucoup de qualités, une haute teneur en pectine, une très belle couleur ambrée et un goût original, le tout donnant un glaçage parfait.

Nous faisons aussi des gelées avec les petits fruits utilisés pour la garniture d'une tarte, ou bien nous utilisons d'autres fruits qui donnent des gelées dont la couleur se marie avec les fruits de la garniture. C'est ainsi que la tarte aux mûres réclamant un glaçage très foncé, un sirop de cassis surgelé me permet de lui donner un fini brillant, dont la couleur et le parfum s'accordent parfaitement avec les mûres. Les tartes à l'orange sont badigeonnées avec une gelée obtenue avec le jus d'oranges très parfumées. Le jus de citron aussi, est cuit avec du sucre pour donner un glaçage qui convient à plusieurs des tartes au citron.

Des groseilles fraîches, nappées de gelée, remplissent cette croûte de tarte en forme de cœur.

Glaçages aux fruits : de gauche à droite à partir du haut, à droite : *coing, abricot, pommes, cerise aigre, grenadine, orange, groseille et cassis* (au centre).

RECETTE DE BASE POUR LES GLAÇAGES

Pour 2 dl

2 DL DE GELÉE OU DE CONFITURE

2 CUILLERÉE À SOUPE DE COINTREAU, DE GRAND MARNIER OU DE COGNAC (FACULTATIF)

Faire chauffer la gelée pour qu'elle fonde. Faire fondre la confiture puis la passer à travers une passoire. Laisser ensuite frémir sur le feu pendant 3 à 5 minutes, mais sans bouillir. Retirer du feu et ajouter l'alcool si on l'aime. Laisser un peu refroidir et en badigeonner les fruits ou répartir à la cuillère.

RECETTE DE BASE POUR LA GELÉE

Pour 1 à 1 litre $^1/_2$ environ

ENVIRON 1 KILO DE PETITS FRUITS ENTIERS OU DE FRUITS ÉPLUCHÉS MAIS NON PELÉS, COUPÉS EN MORCEAUX

DU SUCRE CRISTALLISÉ

1. Écraser les petits fruits et les cuire avec très peu d'eau (environ 1 dl), jusqu'à ce qu'ils soient très tendres. Passer à travers un linge (un torchon en tissu fin ou une vieille taie d'oreiller font l'affaire). Laisser le jus s'écouler sans presser sur le linge, pour que la gelée soit plus transparente.

2. Ajouter poids pour poids de sucre. Porter à ébullition et écumer tout en laissant bouillir à gros bouillons. Cuire jusqu'à ce que le jus fasse la nappe ou que des gouttes posées sur une assiette très froide, restent bien rondes sans s'étaler. Verser dans des pots à confiture stérilisés, couvrir et garder de préférence au réfrigérateur.

RECETTE DE BASE POUR LES SIROPS

Procéder comme pour la gelée mais cuire le jus, seulement jusqu'au moment où il commence à épaissir. Il doit rester liquide et ne pas tourner en gelée. Garder au congélateur dans des récipients fermés.

Index

A

B

C

E

F

G

K

M

N

P

R

S

T